吉林通志

十二

［清］長順訥欽修
［清］李桂林顧雲纂

吉林通志卷一百四

人物志三十三 國朝十八

吉林通志卷一百四

圖海姓馬佳氏世居綏芬隸滿洲正黄旗天資忠慤有文武才順治二年由筆帖式洊歷國史院侍讀八年擢秘書院學士明年

恩詔予騎都尉世職十年授文館大學士列議政大臣十二年加太子太保署刑部尚書明年考滿加少保十五年與大學士巴哈納等校訂律例尋坐鞫江南考試作弊事遷延削加銜明年侍衛阿拉那等相毆事具武拉禪傳刑部審理未允被

詰問不以實對下廷臣議坐死得

旨寬免罷職十八年

世祖上賓遺命起用

聖祖嗣位授本旗滿洲都統康熙二年流賊郝搖旗劉體純李來亨等竄據湖廣鄖襄山中

命爲定西將軍副靖西將軍都統穆里瑪率禁旅會楚蜀兵討之至與總督李國英提督鄭蛟麟總兵俞奮起于大海署護軍統領根特等連營扼之賊兵三千犯奮起營援擊敗去既連犯諸營各分兵夾擊賊潰走未幾副都統杜敏擒郝搖旗於黃草壩斬之劉體純亦相繼破惟李來亨擁衆據茅麓山恃險未下率兵圍焉外援絕而餘寇亦搜剿略盡賊勢窮蹙來亨自經

死降僞官及兵衆四千有奇師還晉世職一等輕車
都尉六年授宏文院大學士充纂修
世祖實錄總裁官明年
命測儀象八年
命錄刑部重囚並稱
旨明年乞解機務專力戎行
聖祖慰留之十一年
命清理刑獄明年冬吳三桂反十三年耿精忠亦反
聖祖簡才籌餉
命署戶部尚書明年春疏請

敕各行省軍需不得私派夫役不得先期拘集定額外不得
苛斂錢糧詞訟重者速審速結小者不得濫准衙蠹
土豪不得魚肉良善得
旨允行察哈爾部布爾尼劫其父阿布柰以叛
命爲副將軍同撫遠大將軍信郡王鄂扎率師往討師次達
祿布爾尼伏兵山谷而自迎戰兩軍接伏發土默特
兵爲所撓分拒之賊騎四百繼至力戰殲焉布爾尼
悉衆以火器來攻嚴陣以待時其隙擊之賊敗復聚
躬督護軍統領哈克山副都統吳丹等猛進賊敗潰
布爾尼僅以三十騎遁招撫人戸千三百餘而科爾

沁額駙沙津方以兵來會遇布爾尼遁經扎魯特境

追斬之察哈爾平凱旋

聖祖御南苑大紅門迎勞之論功晉一等男爵十五年貝勒

洞鄂攻叛將王輔臣於平涼未克

命爲撫遠大將軍率師討之洞鄂以下並受節制既至諸將

請急攻曰賊固在掌握中但生靈數十萬皆

朝廷赤子爲賊所劫覆巢之下必多殺傷緩之俟計窮出降

仰體

聖主好生之德不亦善乎平涼城北虎山墩高數十仞賊守

以精兵與城中犄角且通西北餉道於是令諸將曰

得此墩城不攻自下矣率兵仰攻賊萬餘環列火器以死拒戰兩時許我軍番進斬僞總兵二賊被殪及墜崖死者無算遂奪其墩據之城中舉動目之了然輔臣懼乞降以

聞

詔赦其罪令副都統吳丹入城撫定秋毫無所犯振流亡掩胔骼奏蠲被兵及轉餉各州縣賦從之遣振武將軍佛尼埒敗賊將吳之茂於牡丹園等處將軍穆占攻樂門敗賊於紅崖復禮縣僞固原巡撫陳彭及慶陽總兵周養民嘉峪關總兵王好問關山副將孔蔭雄

等僞官九百餘兵四萬八千有奇先後降關隴悉平
詔曰圖海器識老成才猷練達贊襄機務宣力
累朝以文武長才兼忠愛至性勞績茂著克副委任朕心嘉
悅可晉封三等公世襲罔替當是時平涼慶陽初定人心
未寧而漢中興安賊猶據守分兵防諸要隘别遣一
旅赴湖廣會剿吴逆
詔率精鋭親行奏陝西反側未安恐有變
聖祖因令留鎮授穆占爲都統佩征南將軍印率師赴楚冬
議取漢中興安檄提督孫思克赴秦州趙良棟赴鳳
翔而將軍侯張勇王進寶各引軍助之期明年正月

進兵

詔下勇等會議以

聞勇等言宜覘夏秋收穫豐歉再圖進取圖海以漢興山路險峻夏秋多霪潦賊守宜堅請如前奏明年正月議

上

聖祖慮克復漢興守兵益增轉餉不易若俟夏秋糜餉以老師亦屬非計

詔守要隘分兵赴荆州會勦吳逆由是議寢尋招撫韓城等縣降僞總兵喬斌以下官百餘遣兵逼禮縣益門先後敗賊五盤山喬家山復塔什堡秋

賜服物並

御製詩二章十七年春奏分兵兩路取漢興

密詔止之慶陽袁本秀受吳逆僞札作亂遣兵會王進寶討

之斬本秀於衞逹溝餘衆潰散冬請入京面奏事宜

許之明年春還陝夏賊犯棧道益門鎮各口奏以提督趙良

棟進兵臨武寨相機而行會湖南廣西平

詔急殲寶雞之賊恢復漢興以平蜀地尋破益門鎮賊毀偏

橋兵不能進疏其狀以

聞

詔嚴趣之秋取漢中興安分兵四路自率將軍佛尼埒等趨

興安總兵陳福亮爲後援將軍畢力克圖提督孫思克等由略陽進總兵朱衣客爲後援將軍王進寶總兵費雅達等由棧道趨漢中總兵高孟爲後援提督趙良棟由徽縣進㓮日並發圖海師次鎮安縣分兵爲二攻僞總兵王遇隆於火神崖敗之渡乾玉河奪梁河關僞將韓晉卿遁四川進寶復漢中良棟復徽縣略陽畢力克圖復成縣階州大軍進自梁河關復興安降僞將軍謝四總兵王永世以下官三百八十餘兵萬四千有奇而平利紫陽石泉漢陰洵陽白河及湖廣竹山竹溪上津等縣皆下畢力克圖復遣參

將康調元復文縣降偽洮岷道王文衡先是進寶艮
棟捷奏先至
聖祖以圖海畢力克圖遲緩切責之捷
聞得
温旨下部議功尋
命駐守鳳翔明年春
詔赴漢中轉餉濟蜀師其秋陝西總督哈占溯保甯江擊賊
譚宏
命發兵爲聲援以分賊勢初康熙十二年姦民楊起隆詐稱
朱三太子謀作亂京師正黄旗周公直家奴陳益要

姦徒十八於家將應之公直首其事圖海時兼正黃旗都統率兵圍之陳益等就縛至是獲起隆送京師二十年春賊犯四川敘州等處遣副都統翁愛往援仍奏請親行

詔駐漢中可兼顧秦蜀秋以疾還京師尋具疏乞休

聖祖慰留之其冬卒累官太子太傅中和殿大學士兼吏部尚書三等公爵

賜祭葬如典禮加祭二次謚曰文襄明年

太宗實錄告成嘗充監修總裁官追贈少保仍兼太子太傅二十二年

御製碑文立於墓道雍正二年加贈一等忠達公配享
太廟尋
命建專祠
御製文勒石旌之崇祀陝西名宦子諾敏襲爵官至禮部尚
書圖海御軍於趨事赴功迹近濡滯而不務一切期
於有成
聖祖以老成稱之知人則哲能官人豈不信哉
果斯海姓納喇氏世居葉赫父阿拜
太祖時來歸後隸滿洲正紅旗順治七年果斯海由工部筆
帖式累遷員外郎尋擢工部給事中十八年疏請八

旗於京城各門外分設教場練習士馬得
旨如所請行又疏陳五事一輔政四大臣應定祿品與職任
相稱一督撫大吏應遴才委任無分漢軍漢人一軍
政黜陟宜公平一文武官品級宜畫一一要地城守
軍器請停遣部臣巡察嚴責所司覈報至步兵虛額
應即充補亦令各專轄大臣造册送部得
旨所奏更定輔臣祿品一款不必議餘下所司議行康熙七
年疏言民兵服色僭濫及一切關風化者請嚴行飭
禁各佐領下戶口請以贏絀定賞罰又請減省重複
案牘以歸簡要下所司議行九年遷內閣侍讀學士

充纂修
玉牒官轉太常寺少卿預纂
太祖
太宗聖訓十一年遷內閣學士充重修
太宗實錄副總裁官十四年擢兵部侍郎充
經筵講官明年山東提督周卜世疏劾巡撫達爾布徇庇屬
員侵漁百姓達爾布亦劾卜世挾讐搆陷請遣官質
之奉
命往勘達爾布違例脅衆建立生祠事實坐褫職十六年調
倉場侍郎十七年擢左都御史疏請滿洲蒙古朝鮮

人毋許賣與漢軍漢人八旗各佐領下出賣人口毋
許出本佐領外應著爲禁令
詔從之尋遷兵部尚書時軍興急度支以才
特命兼理戶部事二十年調禮部尚書其秋
詔刑部民命所關必精明幹練始克勝任果斯海向在兵部
才能素著其以禮部尚書銜管理刑部事明年冬卒
遣內大臣奠茶酒
賜祭葬如故事謚曰文敏果斯海之居諫院言遴才無分漢
軍漢人言禁民兵服色僭濫已無忝厥官至減省案
牘尤有味其言之也案牘之繁有一事十數轉而積

紙盈尺者稽時滋費而弊緣以生於是吏胥爲政天
下事益宂不可治其請歸簡要旨哉言乎

根特姓瓜爾佳氏世居尼馬察父尼努
太祖時與兄尼唐阿率衆來歸並任佐領後隸滿洲鑲藍旗
尼努事
太宗以能予騎都尉世職天聰八年隨副都統巴奇蘭征虎
爾哈部有功兼一雲騎尉卒根特襲尋任刑部理事
官順治元年署前鋒參領隨睿親王多爾袞入山海
關敗流賊李自成黨唐通於一片石追自成至望都
復敗之偕前鋒參領阿爾布尼討馬膝口土賊撫定

其餘論功晉世職輕車都尉四年授協領駐防西安

時王光泰叛據鄖陽

詔侍郎喀喀木率禁旅自河南進討並調西安駐防兵根特

率以往破賊黨甄以鍾於房縣師旋擊賊方國成於

谷口敗之六年姜瓖叛大同所在多陷隨總督孟喬

芳侍郎額色統軍渡河討賊連復蒲州臨晉河津進

窺平陽賊黨白璋引步騎六千阻滎河拒戰偕副將

趙光瑞等力擊大破之逐北至黃河賊未及濟遽前

薄之溺死者無算斬白璋餘賊竄孫吉鎮悉殲焉移

師猗氏偽監軍衞登芳依山結寨與賊黨張萬全相

犄角分兵擊萬全斬之殲其衆乘勝薄登芳寨陳斬
僞將王國興等擒登芳進聞喜敗僞都督郭中傑兵
於侯馬驛追奔三十里斬獲無算九年還京以功兼
遇
恩詔晉世職一等兼一雲騎尉明年隨貝勒屯齊征湖廣時
孫可望馮雙禮白文選等據武岡我軍自永州趨寶
慶賊衆十餘萬扼險以拒兩軍接以驍騎突之賊陳
亂我正黄正紅二旗兵戰賊方急馳與夾擊賊大敗
師進武岡賊騎千餘來犯復敗之十一年隨甯海大
將軍伊爾德征浙江舟山以右翼敗阮思陳六御兵

獲其戰艦及紅衣礮舟山平明年論湖廣功晉男爵署本旗副都統十四年論舟山功晉爵一等明年擢本旗蒙古都統康熙十六年遷本旗滿洲都統列議政大臣二十三年以老病乞休三十二年卒

賜祭葬如故事謚曰襄壯子格爾肯襲

恭奕祿姓富察氏先世居葉赫祖阿布岱以功予騎都尉世職隸滿洲鑲白旗

世宗時擡入正白八旗之次

國初設黃白紅藍四旗後增四鑲尋以兩黃正白爲上三旗由是觀之鑲不先正可知或稱上三旗曰鑲黃

正黄正白特取便文非八旗即以是爲次也順治元年莽奕祿襲職七年九年三遇恩詔晉世職二等輕車都尉十一年以署參領隨靖南將軍珠瑪喇征廣東時明桂王朱由榔將李定國步騎四萬據新會縣之山峪列礮象爲陣我軍追擊陣潰其別將以騎四千自山巔馳下又逆敗之定國走廣西師旋以功晉世職一等康熙元年授護軍參領十三年吳三桂反署護軍統領隨大軍赴湖廣征之十五年軍次石首縣進太平街賊四千餘來拒偕護軍統領伊勒都齊敗之斬百餘級又隨貝勒察尼追敗之

斬三百餘級十七年擢鑲白旗蒙古副都統十九年
隨征南將軍穆占進兵貴州復靖遠清平及平越府
時三桂子世璠據貴陽而僞將軍韓天福據新添衞
偕前鋒統領薩克察率驍騎先擊天福殪賊千餘乘
勝復龍里縣進薄貴陽世璠遁克之並定所在城衞
明年春趨平遠州賊將高起隆夏國相王會等以衆
二萬據城西南山偕副都統花色等與戰殪賊四百
有奇進攻其城自午至酉再接再勝斬級千餘王會
降起隆等遁復平遠降僞官三百四十兵三千有奇
同遊擊王成功躡逸賊連敗之多所斬馘復黔西大

定諸城擒僞巡撫張維堅遂入雲南與大將軍賚塔

軍會曲靖調滿洲副都統

命參贊軍務冬世璠自殺雲南平還京故事累功牌六則晉

職所得五不及敘二十二年遷護軍統領管佐領明

年擢鑲白旗蒙古都統尋調滿洲三十年授荊州將

軍四十二年以老乞休

允之時

聖祖幸塞外因赴

行在

賜御書引年老將額

御衣一襲東珠頂帽孔雀翎班於內大臣其秋卒年七十
賜祭葬如故事謚敏肅子色爾敏襲
世宗御極
恩詔下部察功牌闕一者咸與敘於是莽奕祿追兼一雲騎
尉日據其旗檯旗異數也武穆篤者殆族人而遠近
未詳自有傳
武穆篤葉赫富察氏祖穆哈連天聰時來歸隸滿洲
鑲黃旗武穆篤順治十五年以護軍參領隨信郡王
多尼征明桂王朱由榔由貴州趨雲南擊敗其將李
成蛟於涼水井李定國於雙河口進至盧噶定國復

列象陳以拒力戰敗之逐北至磨盤山予雲騎尉世
職十八年隨大軍討山東土賊有功康熙八年擢前
鋒參領十三年耿精忠反福建
詔貝子傅拉塔爲甯海將軍武穆篤爲前鋒統領由浙江進
討冬次台州賊將曾實陳理營黃瑞山欲來犯偕副
都統吉爾塔布提督塞白理與戰敗之進至蒲塘又
連敗僞總兵吳臣將軍楊德明年趨涼蓬隘口敗賊
伏兵賊夜遁偕諸將追擊於黃土嶺賊退據黃巖縣
進圍之賊帥曾養性遁降僞官二十兵三千復其城
次上塘嶺養性糾僞都督馬士玉張廣文等水陸兵

三萬拒戰率所部爲軍鋒突入賊陳大破之斬僞官六十賊衆無算復太平樂清青田三縣及大荆盤石二衛而身亦被數創明年大軍發處州至雲和縣石塘嶺地當温州入閩之衝賊據險死守副都統沃申總兵陳世凱攻其前綴賊偕諸將乘大霧直擣賊巢破之十七年創發卒於軍喪還

遣領侍衛内大臣奠茶酒十九年

聖祖以功績茂著

特命照實授前鋒統領例議卹晉世職騎都尉

賜祭葬如故事謚襄壯子綳色襲雍正七年入祀昭忠祠

宏世祿姓瓜爾佳氏世居瓦爾喀祖噶錫屯

太祖時率衆來歸任佐領後隸滿洲鑲紅旗順治十一年宏

世祿由佐領授護軍參領十八年隨定西將軍愛星

阿征雲南師至緬甸阿瓦城獲明桂王朱由榔康熙

三年予雲騎尉世職十二年擢本旗蒙古副都統十

四年察哈爾部布爾尼叛信郡王鄂札副將軍圖海

率師討之

命與護軍統領哈克山副都統烏丹參贊軍務軍次達祿布

爾尼設伏山谷躬自拒戰率右翼與諸將分進伏發

因夾擊之殲其衆布爾尼悉潰衆復出再戰再北以

三十騎遁師還晉世職輕車都尉明年調滿州副都統十九年
命與都統瑪奇趙璉副都統祖植椿率兵往廣西參贊大將軍賚塔軍務征雲南逆孽吳世璠僞將軍何繼祖以衆萬餘扼石門坎與諸將攻奪之復安龍所城進軍黄草壩僞將軍詹養王有功等九人踞守率所部爲軍鋒鏖戰自卯至酉殪賊二千有奇乘勝復馬龍州易龍所楊林城有賊屯渾水塘與嵩明州相犄角遣營總顧塔幹都海等攻嵩明州克之渾水塘賊棄營夜遁進壁歸化寺冬世璠自殺雲南平二十三年甄

別八旗諸臣坐不能攝下應褫

聖祖以年老免議尋乞休

允之二十七年卒

賜祭葬如故事子龍科襲其雲南之功未敘史闕之矣

邁圖姓佟佳氏世居哈達父烏進

國初來歸任典儀順治五年邁圖以二等侍衛從征山東破賊踞齒牙山巖十五年隨信郡王多尼征明桂王朱由榔至貴州連破其將李成蛟李定國康熙十三年授營總兵從康親王傑書征逆藩耿精忠明年大軍自仙居趨黃巖僞都督劉秉仁以衆萬餘拒戰

半山嶺偕副都統吉勒塔布力擊敗之殪二千有奇十五年戰建陽縣敗賊三千餘明年鄭錦遣其總督趙德勝將軍何祐等以眾四萬據興化營城西北太平山者二十有六伏賊萬餘於白茅山爲援隨甯海將軍拉哈達先攻白茅山之伏其眾潰走太平山躡擊連破其營陣斬得勝復興化祐退泉州進拔之十七年隨平南將軍賚塔攻劉國軒吳淑等於蜈蚣山破其七營復長泰縣二十五年授本旗蒙古副都統兼佐領二十九年署前鋒統領隨裕親王福全征厄魯特部噶爾丹戰烏蘭布通陳没

賜祭葬如故事
特旨加祭一次謚曰忠毅初予雲騎尉世職三十年追論所
累戰功晉輕車都尉子瑪喇襲
伊巴罕姓格濟勒氏世居雅蘭後隸滿洲正白旗伯
父舒球天聰八年隨副都統薩木什克巴奇蘭等征
黑龍江有功授騎都尉世職卒無子以伊巴罕襲初
任三等侍衛改刑部郎中兼佐領順治七年九年三
遇
恩詔晉世職至二等輕車都尉十八年署參領隨定西將軍
愛星阿征明桂王朱由榔於緬甸緬人以由榔獻康

熙十四年任護軍參領隨定南將軍希爾根討逆藩耿精忠師至江西僞都督易天錫據建昌府率兵攻之大敗賊衆既而撫州賊來援逆擊之卻去城中僞將軍邵連登僞總兵李茂珠等復出戰又敗之尋與護軍統領桑額攻復新昌縣擒斬僞總兵朱一典及賊黨無算明年擢本旗蒙古副都統隨安親王岳樂討逆藩吳三桂擊敗其僞將軍夏國相等復萍鄉縣十八年隨征南將軍穆占討三桂遺孽世璠師自衡州進武岡賊將以二萬衆營楓木嶺死拒率所部大破之明年擢前鋒統領二十二年授

盛京將軍二十四年
召還仍任前鋒統領論江西湖廣戰功積晉世職一等兼一
雲騎尉年老致仕卒子蘇完住改襲輕車都尉以前
吏部敘
恩詔過濫云
額赫納姓納喇氏祖蘇巴海
國初自葉赫來歸隸滿洲鑲藍旗父遲和訥任佐領額
赫納襲職順治初任護衛遷護軍參領十四年隨甯
南靖寇將軍貝勒洛託征雲南康熙元年隨靖東將
軍濟席哈平山東土賊于七並有功十一年擢本旗

蒙古副都統尋駐防兖州十四年逆藩耿精忠分犯

江西

詔簡親王喇布爲揚威大將軍由江甯移鎭額赫納參贊軍

務明年春麻姑山賊王永召等犯會城偕副都統席

布擊敗之初叛鎭馬雄結滇賊王宏勳擾廣東

聖祖命簡親王郎副都統額赫納巴爾堪擇一爲將軍統兵

往援王舉額赫納

命偕道速進未至平南王尚可喜病子之信以韶州南雄應

賊連閩粤諸寇謀犯贛州於是退守南贛賊屯蓮塘

口擊斬僞將黃輝陳可相敗其衆進軍芝坪擊敗僞

總兵吳漢興焚賊營二十餘其冬廣東提督嚴自明
反陷南康進圍信豐偕副都統穆成格援之擒斬萬
餘自明走南安信豐圍解十六年
命莽依圖爲鎮南將軍以額赫納參贊軍務赴粵抵韶州之
信反正自明亦獻南安降偕江甯將軍額楚分擊逆
藩吳三桂僞將馬寶王錦等營於韶州城下破走之
廣西巡撫傅宏烈兵單莽依圖疏以額赫納赴梧州
與合
詔如所請明年調滿洲副都統廣東總兵祖澤清據高州反
命同勦軍次電白賊悉精鋭以拒陳斬僞總兵江瓊等殪賊

四千餘賊黨王得功以城降進軍高州澤淸挐家道
十八年會莽依圖軍於貴縣由横州趨南甯勦賊渠
吴世琮戰新村世琮中流矢以二十騎遁
詔速殄餘黨進取雲南冬調護軍統領明年大軍進貴州於
陶登遇僞將軍范齊韓馬承烈逆戰同都統貝勒希
福分路擊敗之斬獲無算二十年以前鋒攻奪安籠
所黄草壩偕希福破賊曲靖府羅平州界拔二十二
營多所斬獲雲南平凱旋二十三年調前鋒統領明
年授滿洲都統尋列議政大臣二十九年噶爾丹侵
喀爾喀部内犯

命同侍郎溫達等由歸化城分路偵禦會爲裕親王福全所
敗遁去還京三十五年以老乞休
允之四十四年卒
賜祭葬如故事迹其戰功例宜得世職史未詳也
鄂泰姓瓜勒佳氏世居蘇完隸滿洲正白旗順治四
年從征百戶所先登克其城予騎都尉世職七年從
征江西先登克九江府
賜號巴圖魯晋世職二等輕車都尉九年授
盛京副理事官坐事罷任削世職起授參領康熙十年
擢

盛京副都統十三年王輔臣反陝西定西大將軍貝勒

洞鄂奉

命討之

詔鄂泰率盛京兵一千來京明年

敕以陝西沿邊有路通山西汾州逆賊或乘隙來犯其授鄂

泰建威將軍率所領盛京兵往駐太原防守夏

命赴西安參贊軍務其建威將軍印以副都統烏丹代時輔

臣説連川賊偕署副都統阿爾瑚扼寶雞縣棧道既

而川賊李冉二姓出犯九龍山合擊盡之而僞總兵

任德望等率賊衆及猓猓七千餘來援營益門鎮者

七與阿爾瑚分九路進攻閱兩時許悉破其營德望以百騎遁驍騎校韓楚漢追射中其股降之斬獲甚夥十五年殲餘賊紅崖堡

詔嘉其功下部優敘明年卒於軍二十五年追授騎都尉兼一雲騎尉世職子鄂山襲

珠滿姓瓜爾佳氏祖多和倫自烏拉歸

太祖隸滿洲正白旗從征明廣甯錦州有功予雲騎尉世職次子額赫瑪瑚以侍衛從征鄭成功戰厦門陳沒

卹贈雲騎尉世職無子以兄子嗣襲即珠滿也洊官參領康熙十三年逆藩耿精忠反江西應吳三桂隨征南將

軍尼雅翰討之擊敗賊衆犯南康者又敗他賊於河
津十五年從復吉安破賊衆惶恐灘明年隨鎮南將
軍莽依圖征廣東次韶州僞將軍馬寶等渡河來犯
大軍分拒之率右翼力戰連破賊寶等宵遁十八年
進兵廣西破賊將吳世琮於南甯新村明年討柳州
叛賊馬承烈道出陶登擊賊黨范齊韓等其冬隨征
南大將軍賚塔征雲南二十年春連擊敗賊將何繼
祖王宏勳於石門坎黃草壩進薄雲南城陳斬僞將
軍胡國柄隨都統希福追馬寶及巴養元於烏木山
賊潰降是年雲南平凱旋積功晉世職騎都尉兼一

雲騎尉授侍衛尋擢護軍參領兼管火器營事調前鋒參領三十六年擢荆州副都統三十九年春

命會勦四川逆蠻比至都統滿丕提督康希順已復打箭鑪因駐守鴉隴江四十一年還荆州其秋鎮筸紅苗作亂

聖祖命尚書錫勒達等統師撫勦

詔珠滿久經戰陳軍事與商酌而行冬撫降三百一寨惟天星寨負固不下錫勒達與提督俞益謨分四路攻之別率兵爲應克其寨苗竄葫蘆寨復攻克之斬馘無算四十五年擢江甯將軍明年春

聖祖南巡

賜紫貂冠服及良馬尋卒於官

賜祭葬如故事吏部請以其子撤木貝襲騎都尉兼雲騎尉

詔珠滿奮迹戎行勞績茂著衆所共知其世職加一雲騎尉

合爲輕車都尉俾其子承襲

哈山姓富察氏世居訥殷隸滿洲鑲黃旗順治十四

年由官學生授鼓廳筆帖式遷刑部主事康熙二十

年監督九江關稅務疏請移關湖口縣

允之明年遷兵部員外郎尋調吏部二十三年

御試八旗文學之臣繙譯

御製竹賦與試者通政使以下筆帖式以上五百餘員
聖祖以滿漢文義嫻否親甲乙之哈山列一等擢右諭德明
年轉左二十九年遷內閣侍讀學士再遷內閣學士
左副都御史三十六年遷
盛京禮部侍郎四十二年疏言臣部所役網戶採牧校
尉等八百二十五人其無力婚娶者百六十有奇以
無室家往往不務生計逃避官差請發
盛京戶部銀四萬兩照公庫例派員經理一分生息以
六年爲期本還戶部息銀可二萬八千餘兩陸續給
無妻壯丁完娶人五十兩餘銀仍以生息久遠有益

下部議從之四十九年遷吏部右侍郎明年轉左

命往科爾沁鞫台吉特古斯違禁留阿雜爾喇嘛事得特古

斯及侍郎拉都渾欺飾狀具擬稱

旨尋署禮部尚書冬擢刑部尚書列議政大臣五十一年

詔刑部事務至爲緊要自哈山受任斥劣員除積弊辦理之

事明而不煩一應積案漸次完結其效力可嘉但意在速

蔵或致草率刑名關係重大務須加意詳慎以副委任秋

疏奏完結各案

優奬焉明年三月

萬壽聖節與

賜年老大臣宴
賚冠服其冬坐
特旨發遣不應援赦之流犯常明彙題釋放罷職五十八年
卒年八十有七子富明安累官總督
碩岱姓嘉塔喇氏先世居尼雅滿山有昻郭都哩巴
顏者
太祖時來歸隸滿洲正白旗順治二年碩岱以二等侍衛兼
參領隨睿親王多爾袞討大同叛鎮姜瓖復渾源州
九年從
幸南苑蒙古侍衛素尼猝拔刀斫一等伯巴什泰於

御前碩岱立舉所執槍刺仆素尼擒之
世祖嘉其勇積前功
予騎都尉兼一雲騎尉世職十五年以護軍參領隨征南將
軍卓布泰自廣西征明桂王朱由榔於貴州時其將
李定國李成蛟等分據黔西要隘率兵渡盤江進擊
連敗之梁瑞津雙河口明年大軍取雲南追定國至
騰越遇伏磨盤山率所部力戰又敗之十八年山東
土賊于七作亂隨靖東將軍濟席哈討平之事具濟
席哈傳康熙六年擢前鋒統領十二年冬逆藩吳三
桂反雲南

聖祖以荆州衝要

命率前鋒兵先諸軍進扼之俟諸軍至再前據常德以遏賊勢明年正月至荆州賊尋陷常德及澧州進犯宜昌而順

承郡王勒爾錦統大軍始至碩岱奉

詔參贊軍務同護軍統領額司泰等援宜昌擊賊將劉之復

陶繼智等卻之十四年

詔責順承郡王久駐荆州郡邑多未復兼罷碩岱參贊十六

年安親王岳樂自江西進圍長沙隨征南將軍穆占

等移師助攻道出岳州擊賊糧艘數十於詔岡河取

之既會師長沙賊負固未下

詔穆占移規衡州茶陵賊棄城走攸縣偕都統伊理布追之賊據河岸以拒進戰敗之遂復攸縣明年隨穆占復郴州永興桂陽興甯還駐郴州賊將馬寶胡國柱等犯永興偕伊理布往援戰失利伊理布及護軍統領哈克三陳沒副都統託岱等還郴州獨以所部入永興城守穆占奏劾之

詔以功贖旣而賊乘勝逼攻屢瀕於危偕前鋒統領薩克察攖城固拒閱三月三桂死乃引去十八年大軍復寶慶武岡徹八旗兵三之一還京同内大臣阿密達等率以行旣至以永興戰敗罪議罷任革世職二十九

年起正白旗滿洲副都統明年隨定北將軍瓦岱征噶爾丹至克嚕倫河偵賊遠去師還尋偕都統噶爾瑪率兵駐大同三十五年

聖祖親征噶爾丹師出中路以撫遠大將軍費揚古出西路費揚古請選大同所駐護軍二百八十人爲前鋒

詔署前鋒統領率之往誘賊特埒爾濟口且戰且卻至昭莫多與大軍合圍噶爾丹僅以數騎竄去事具費揚古傳以功擢內大臣授雲騎尉世職

聖祖念著成勞

命復前所革世職晉爲輕車都尉五十一年卒年八十有四

賜祭葬如故事子納丹珠襲海綬其第四子雍正七年以護

軍校從征準噶爾戰沒和通呼爾哈諾爾

卹贈雲騎尉世職例傳順治時人止其身國殤也變例著之

而碩岱諸父庫禮天聰崇德閒大軍征討常別將朝

鮮兵以從戰比有功隨前鋒統領薩穆什喀攻明松

山北崖科爾沁蒙古兵突來犯礮傷手不退卒擊敗

之又隨睿親王多爾袞攻松山敵犯我正紅鑲藍二

旗率朝鮮將領勒卜忒與左翼軍并力以禦遂卻去

都前後所斬級以千計累

賜牲畜等物甚夥授佐領騎都尉世職順治元年定鼎燕京

兼一雲騎尉三年

命以戶部侍郎駐淮安督催漕糧旣至運解如額四年明益

王攻據廟灣城乘勝率兵夜逼淮安入自城垣坍處

圍總漕署數周率中軍官張大志旗鼓王國印及標

兵禦之家人並出助戰其妻悉索署中所有弓矢令

家人子女送戰所鏖戰至曙敵衆敗陳斬其總兵以

下官十有二兵二百有奇事平

召回侍郎任七年以病乞休尋卒

賜祭葬如例謚曰恪僖並於墓道立碑

莫洛姓伊爾根覺羅氏世居長白山之呼納赫祖温

察

太祖時來歸後隸滿洲正紅旗莫洛順治七年任刑部理事官累遷工部郎中康熙六年擢左副都御史明年出爲山西陝西總督疏請免平涼臨洮鞏昌西安延安鳳翔漢中七府興安州現戶代輸荒地額賦及平涼臨洮鞏昌三府積欠凡數十萬

聖祖並從之八年輔政大臣鼇拜敗法司以有連請逮問

詔莫洛雖附鼇拜念任封疆能釐剔加派火耗等弊從寬留任明年計典吏部以嘗植黨營私

聞得

旨褫職西安士庶相率籲留甘肅巡撫劉斗提督張勇柏永

馥總兵孫思克合疏陳其清以持己正以率下如革

耗羨整驛遞息詞訟練士卒清荒熟教樹畜興水利

諸政乞留任以慰民望

詔簡任督撫所以綏靖地方愛養百姓莫洛既爲民愛戴特

順輿情免其處分供職如故未幾擢刑部尚書十三年

聖祖既分命王貝勒大臣討逆藩吴三桂並

敕部臣吴逆煽亂滇黔四川從逆陝西邊陲要地西控番回

南通巴蜀幅員遼闊夙號巖疆非特遣重臣假以便宜未

易綏靖莫洛前任總督深得民心可授爲經略往駐西安

軍事悉聽調遣加銜武英殿大學士仍以刑部尚書管兵
部尚書事
賜之敕印既至部署進討尋被
詔朕聞叛鎮鄭蛟麟乞降及復朝天關甚慰近賊聚岳州値
甚雨大兵難行晴霽可水陸並進吳三桂果在澧州宜乘
勢徑襲其後如復四川即取道交水定貴州或趨雲南其
餘諸將集議疏言逆賊堅據保甯川境未能遽復容俟奏
捷即行相機進取並奏防禦關隘輓運軍食機宜
詔朝天關諸隘關係要害可於滿洲漢軍綠旗官兵內酌撥
防守相為犄角護送糧艘漢中雖已駐兵恐力猶單朝天

關外尚有別路可通漢中我兵深入後姦宄竊發踞守雞頭關諸隘亦屬可虞一切機宜其酌行之又保甯未能即復我師益勞頓輓運糧餉實爲要務其源源接濟勿令匱乏夏偽副將姚孟龍等降其賊衆據廣元百丈關者既前遣都統馬一寶將軍席卜臣赴漢中矣別遣副都統科爾寬趨廣元又慮衆寡不敵令副都統吳國正俟馬一寶至即移師助之尋

詔貝勒洞鄂貝子温齊輔國公綽克託等率所部赴四川疏陳大軍久駐保甯與賊相持秦民運餉勞苦臣今赴漢中相機進剿貝勒洞鄂若率衆盡行慮致遲滯請

敕簡精鋭先發速至西安
聖祖念貝勒所部無多仍令貝子公等亦各率所部進發會
西安將軍瓦爾喀奏川鎮王懷忠標兵以乏餉潰請
發餉增兵往援
詔莫洛大兵或仍圍保甯或糧運艱阻暫還廣元其與將軍
等酌之並
命貰懷忠標兵罪速行撫納尋疏陳陝省兵單請增兵以資
戰守
聖祖以增兵必須增餉或可不增兵或必當增兵或不必親
行赴川令詳悉疏復復言增兵則秦得自固比四川底定

則糧餉有資而秦民亦得休息臣仍宜統兵進剿四
川從之其秋將由秦赴蜀請
敕總督周有德巡撫張德地暨科爾寬等固守朝天關廣元
諸路轉運糗糧並請
敕將軍等駐守保甯以俟兵至
詔軍機緩急莫洛自有確見可與將軍席卜臣前往廣元進
取昭化總督周有德於經略未到之先督趣糧米運送軍
前又廣元兵少或令席卜臣先赴廣元秣馬以待或與同
發俱令經略酌行俄僞將軍何德成等糾合賊衆自四川
犯甯羌立營於文廟山遣軍夜襲其營賊衆大敗遁

回南山
詔甯羌爲大兵後路卿其速援庶幾有濟旣以實
聞因令提督王輔臣遣兵守甯羌冬貝勒貝子等大兵未至
僞總兵彭時亨復屯踞七盤朝天諸關劫我略陽糧
艘廣元兵缺餉兩月賊衆旋窺陽平
聖祖慮莫洛所統皆綠旗兵巴蜀山路險惡滿洲大兵若不
繼進難於策應
敕貝勒洞鄂等兼程進會同經略入川時莫洛已率兵由漢
中赴蜀令王輔臣隨征而輔臣變先是莫洛至陝
詔遣兵征湖南輔臣請自率兵赴荊州

聖祖以征湖南兵已有貝勒等統領
命仍駐平涼聽經略調遣心既怏怏矣至是令隨征佯言兵單給騎兵二千少之又言馬疲瘠不任用進徒死於賊搖動軍心十二月莫洛次甯羌輔臣標兵亂襲經略營率兵擊卻之輔臣以悍黨繼至礮矢並發被重創沒於軍
賜祭葬如典禮謚曰忠愍予騎都尉世職兼一雲騎尉子常安襲

格斯泰姓瓜勒佳氏世居瓦爾喀父赫勒
太祖時隨其叔祖斡珠來歸斡珠任佐領赫勒以驍騎校隸

滿洲鑲白旗崇德三年從睿親王多爾衮征明入自青山口越燕京攻獻縣樹雲梯先登克之六年襲管幹珠佐領隨貝勒阿巴泰征明自薊州南略至山東數敗敵兵順治元年豫親王多鐸追破流賊李自成於潼關明年移師平河南江南及端重親王博洛征浙江敗敵嘉興城外並在軍有功授雲騎尉世職遇

恩詔晉騎都尉卒長子格森襲格斯泰其次子也初爲睿親王府一等護衛裁改護軍校隨寧海大將軍伊勒德征浙江之舟山十三年署前鋒侍衛自寧波率舟師趨定海明故將阮思陳六御等以衆三萬列二百餘

艦於海洋率所部擊卻之諸軍並進斬思與六御舟山平得頭等功牌二康熙二十年隨都統瑪奇討逆藩遺孽吳世璠師進自廣西連敗賊石門坎黄草壩攻雲南城克之擢前鋒參領二十九年隨裕親王福全征噶爾丹師次烏闌布通賊於隔岸樹林中卧駝爲營兵伏其後內大臣佟國綱率兵進擊中槍没格斯泰忿甚怒馬躪賊營直入左右決盪出而復入者再賊無敢攖會諸將繞山腰出賊後夾擊之賊潰力追至河岸馬陷於淖死之同死者前鋒統領邁圖與佟國綱並參贊軍務者也及護軍參領赫色巴錫巴

雅爾瑀岱營總韓大任前鋒校珠旺勒等初軍出

聖祖賜護軍參領等人一馬前鋒參領未額格斯泰援以請

命自於上駟院擇之得一馬駿而白鼻或言馬誠佳然白鼻

相經所忌笑曰大丈夫以身許

國馬鼻胡爲者至是裕親王奏言當與賊戰見一將乘

白鼻馬三入敵陳衆皆識爲格斯泰云喪歸

賜祭葬如副都統例

遣侍衛奠茶酒部議予雲騎尉世職

聖祖命加一雲騎尉合爲騎都尉子斡珠罕襲乾隆十五年

詔敘八旗世職以死事贈卹而襲次已滿者

特予恩騎尉世襲罔替曾孫英福襲

薩布素姓富察氏四世祖充順巴本當

太祖時由岳克通鄂城率丁壯屯吉林遂家焉隸滿洲鑲黃

旗陳儀薩布素傳將軍姓傅茶氏自其曾祖哈木都祖哈爾蘇始以約克通鄂城長歸 太祖而其先固噶哈里約克通鄂城人也始祖充舜以勇力聞能手格猛獸而好義愛人遠近慕之嘗獨獵深山中獲介麋焉遇札喇爾五人欲奪之舜日誰能手拽此去者即贈之五人互曳莫能動舜挽其角曳行踰三重壑五人者大驚相語此必傳茶氏所謂充舜者也由是名益著歸附日眾乃爲之分田授室人給牛種而立之約束於是所居成邑遂世爲約克通鄂城長及哈木都以所部來歸乃徙居長白山之東尋遷盛京至公父隨哈納始授職冠百軍領一旗駐防甯古塔撫綏老幼矜恤鰥寡不留餘貲蓋好義愛人其家法然也閱兵使者滿河 順治間薩布素由領催以狀聞 上褒異之

授驍騎校康熙十六年累遷協領皆在吉林明年擢甯古塔副都統陳傳公爲人沉勇好兵略尤喜觀山川形勢嘗曰兵因地爲形猶奕因枰布勢用兵不知地是奕棋不識枰也以故險塞險阻道里遠近多所延訪無不究悉順治九年初仕爲甯古塔將軍筆帖式康熙元年改驍騎校三年以驍騎校擊鄂羅斯於黑喇蘇密有功署防禦七年論功遷佐領九年將軍奉　詔徙吳蘇禮烏喇之瓜爾察部族遣協領布頭阿護其行驍騎昂吳等拒命殺我三人射傷布頭阿公請往力戰敗之追獲甚衆俘其子女昂吳僅以身免吳蘇禮烏喇人擒送斬之十二年論功遷協領十五年徙東地新滿洲於甯古塔王欽部人不願徙謀潛遁公知其東有間道走徼外乃白將軍巴海以兵繞出其東道絶遂聽徙王欽部徒者凡二百餘戶有納喇庫等八十餘人攜孥道亡公遣兵追擒之斬數人以徇自是無敢亡者凡徙至甯古塔各部族共二千餘戶將軍巴海移駐吉林烏喇以公留守拊安之築室均田皆手爲經畫俾各適所願新至如歸焉已而黑金之驍騎校顔奇喀者以

十五戶遁公追擒之送京師十六年諾羅西喇心等處新滿洲三百戶以徙至公拊安之如前十七年巴海赴京師以公攝其軍

事十八年晉副都統　二十一年雅克薩城之役起越二十八年與俄羅斯定界額爾古納河北岸擢黑龍江將軍事具郎坦傳　陳傳二十一年　上命前鋒統領郎坦等覘鄂羅斯之雅克薩城　詔公與俱鄂羅斯者北方大國也延袤數千里包蒙古四十九部外東接界黑龍江侵偪索倫鄂倫春諸部而雅克薩城其要害公既覘其形勢遂與郎坦等至其城下指畫言可圖狀附郎坦以聞二十二年大兵遂發公別以舟師由黑龍江泝流而上抵特爾德尼城遇鄂羅斯八艘見我師而遁公追及之宣　上德意降七十餘人送京師

上知公可大任乃擢授鎮守黑龍江等處將軍統兵駐阿蘇里經略鄂羅斯之事悉以委焉阿蘇里者進取雅克薩城之要路而鄂倫春部中遮之爲之咽喉雖內附我而畏鄂羅斯之偪伺陰與之通公欲進兵慮其爲梗乃使其族長朱爾空額等諭之布

朝廷威德示以禍福令與鄂羅斯絶鄂倫春部衆咸感悟遂殺鄂羅斯四十餘人送其首爲驗公厚賞之則復殺二十餘人自是鄂倫春與鄂羅斯相仇而我兵進取無復卻顧矣二十三年遣兵取恆滚河鄂羅斯遁去進至圖庫爾河獲四十七人送京師二十四年公率兵取雅克薩城先遣精鋭擊其哨兵盡擒之大兵猝至城下用礮急攻聲振天地守將厄里克賽莫知爲計遂以城降而鄂羅斯於是失其險矣捷聞 上大喜顧念鄂羅斯大國未可猝下兵威已振更欲以德柔服之遂釋厄里克賽同國二十五年厄里克賽復率兵衆踞雅克薩城公奏請進勦 上遣都統朗坦至軍傳命賜公孫子兵法公遂引兵由平武進遇其哨兵擒之遂抵雅克薩城下鄂羅斯出戰擊敗之次日攻其城不下圍之一日大霧公料敵必乘我乃嚴陣以待果驟出復大敗之擒生口問城中虛實知敵已力竭城旦暮且下而罷兵之詔至矣先是鄂羅斯察罕汗遣使求和 上終欲服以德不欲窮極兵威故有是 命公乃解圍去二十八年 上命内大臣索額圖國舅佟國綱率禁旅將軍薩布素帥黑龍江舟師會

於厄不楚城平鄂羅斯察罕汗遣使費約多爾等求成以格爾必齊河爲界東南至圖古魯河拓疆六千餘里而索倫鄂倫春諸部始有甯宇矣是年有
詔於黑龍江墨爾根二處設兵築城浚隍造廬舍開屯田皆公身執其役時喀爾喀等部爲噶爾丹所襲殺越興嶺南竄索倫部復遮殺之掠其子女公聞立帥兵往救援凡收喀爾喀千餘至齊齊哈爾處以遊牧之地治索倫罪奪所掠子女悉歸之而蒙古子女爲鄂羅斯所掠者亦贖歸親黨諸番落聞之莫不感悅有泣下者 明年疏請以前索倫總管安珠瑚等所種官田二千餘畝分給墨爾根兵丁屯種陳傳三十年以公總管索倫等部貢物公以各部生計土俗採捕之事擬爲則例七條上請悉從之三十一年與甯古塔將軍佟寶奏建齊齊哈爾城及伯都訥木城以科爾沁獻進錫伯卦爾察達呼爾壯丁萬四千有奇分駐二城編佐領隸上三旗

並設防守防禦等官三十四年應
詔陳預備進勦噶爾丹事宜曰興安嶺北形勝之地索約爾
濟山爲最已遣熟識路徑官兵自
盛京吉林墨爾根三路度至山遠近分置程站其無水
處掘井以待若山之東北呼倫貝爾諸處有警則與
臣駐軍之地近卽率墨爾根兵先進吉林
盛京兵繼之若山之西烏喇輝諸處有警則
盛京兵先進臣率所部與吉林兵繼之皆會於索約爾
濟山
聖祖可其奏又

詔聞噶爾丹順克魯倫河而至其即遣行偵探儻賊犯車臣汗地相機禦勦即躡其尾以進三十五年聖祖親征噶爾丹由獨石口出中路大將軍費揚古由歸化城出西路命薩布素扼其東路仍詔領侍衛內大臣等曰近聞噶爾丹將東行故令薩布素整兵設偵防其竄逸所派盛京寧古塔及科爾沁兵悉歸統轄口外所報軍務咸使知之尋疏言各路調集之兵於四月初由索約爾濟山趨克魯倫河其月駕臨克魯倫河噶爾丹西竄為費揚古所敗

詔薩布素就喀爾喀河擇好水草處秣馬未幾
命率兵一千移駐科圖餘各遣還秋
詔分所部兵五百隸費揚古軍三十六年春
召入京尋回原任秋疏報沿河破水十八莊請以舊貯糧米
按丁散給
允之初墨爾哲氏屯長札努喀布克託等率衆內遷與甯古
塔將軍巴海編爲佐領四十號新滿洲事具巴海傳
又疏請於墨爾根兩翼各立一學設助教官選新滿
洲及錫伯索倫達呼爾每佐領下幼童一名教習書
藝是爲黑龍江建學之始至是

聖祖語廷臣曰人命所關重大數年以來盜案止誅首惡從犯免死發遣黑龍江每慮聚而生事嘗聞薩布素奏言兇徒分給新滿洲爲奴力散勢孤惡不能逞如此則不惟全活甚衆新滿洲亦資益良多矣三十七年疏劾錫伯達呼爾佐領阿穆瑚朗巴琳等曠誤防哨罷之秋

聖祖巡幸吉林

詔大學士等曰薩布素受任以來訓練士卒平定羅刹勤勞可嘉可予一等輕車都尉世職並以朕御袍及纓緯於衆前宣賜之（陳傳三十七年以公累戰功多下詔褒美目爲將軍第一賜爵阿達哈哈番承襲六世）

明年疏劾黑龍江副都統關保罷之協領都爾岱因

訐告其濫用驛站車馬諸款疏陳訐告在劾罷後

聖祖以闒保久任侍衛

詔大學士等曰薩布素辦事雖明敏朕巡幸吉林見每逢迎

近侍朕聽政多年何事未歷僉壬端良夫豈不辨彼近侍

何能爲闒保各款俱實科不能袒護可即令察審尋疏覆

闒保疲勞驛站擬如律

命從寬降五級調用三十九年疏言黑龍江屯堡因災荒積

欠米石請俟豐年陸續交倉得

旨前羅剎侵擾內地是以駐兵黑龍江設立官堡遣員屯糧

原欲多積米石厚備軍儲令革任總督蔡毓榮經理十二

堡薩布素曾奏皆有成效後因十二堡荒棄無收復請停止屯種將壯丁改歸驛站其餘官堡連課日多並從前貯存倉米支散無餘致駐防兵餉匱乏薩布素難辭其咎今明白回奏尋疏言官屯耕種雖未失時而地氣早寒秋霜損稼又累經水旱不能交納官糧兵丁餬口無資因以舊存倉米按丁支放由臣庸劣不能遠謀所致至於奏停蔡毓榮所管十二屯堡耕種罪實難辭今請以齊齊哈爾墨爾根駐防兵每年輪派五百人遣往錫伯等處耕種官田督令未屆霜降悉行收穫夏秋間以船貯運至齊齊哈爾倉收存應買耕牛田器籽

種先於備存俸餉內支用次年收穫扣還則糧儲裕而兵餉可充疏下戸部察議錫伯屯種事宜應如所請其以蔡毓榮荒廢屯地妄報成效又給散貯存穀石不能嚴飭兵丁屯種納糧應令賠償逋穀千二百餘石歸倉仍請

旨治瞻徇罪

聖祖命侍郎滿丕等前往察訊明年春滿丕等奏徇私揑報屯種浮支倉穀罪應死得

旨免死褫任削世職在佐領上行走尋授散秩大臣未幾卒

陳傳四十年罷凡爲將軍二十載蒙　賜衣裘鞍馬尙食珍味甚多四十八年　上追念公功

復頒賜御物公平生忠直無隱勞於國事惟力是視用兵料敵制勝臨陣身先士卒故所向有功既以兩戰之威讋服强敵而堅其請成之志廣斥絶徼至數千里屬部乂安而口未嘗言功歷仕數十年家無餘財以康熙某年月日卒子幾人其其官協領也季常德忠勇有父風累官至將軍

聖祖以本朝肇迹長白山湖厥發祥崇以秩祀禮亦宜之

敕遣内大臣覺羅武默訥前往瞻視時康熙十四年也山南直吉林七百三十里往者折而西北可千五百里横亙千里高二百里五峰環立中有潭曰闥門百泉所注窅然以深東南一峰稍下如門故名三大江並源於此東流曰圖門江西北流曰松花江西南流曰鴨

緑江而山所旁薄海迤西南曰

開運山又北而迤西曰

天柱山曰

隆業山龍蟠虎踞鬱鬱葱葱自餘迴環緜亙方二千里

爲山爲嶺不一其名要皆支裔山海經所謂大荒之

中有山名不咸肅愼氏所國者也其夏武默訥等至

薩布素率兵二百攜三月糧導以行循温德亨河陸

行七日至卓隆鄂河乘舟由斡努呼河逆流二日至

佛多和河順流一日抵訥殷伐木開道行三十餘里

登一高峰望見片片白光意其是矣計相去可百餘

里既復開道行一日詰朝雲霧塞徑彷彿有鶴鳴聲尋聲疾走因得鹿蹊林木叢翳進至山麓跪誦

敕旨雲霧遂開山半坦若石甃平臺五峰外抱闥門潭淵然其間緣潭陟山可五十餘丈徧地皆雪則曩所望片片白光也蒼茫四顧邈無人蹤肅拜而返返至山麓有鹿奔墜者七與佗視人數適符有若神餉行數武迴望雲霧彌山矣武默訥歸奏

敕禮臣詳議封曰長白山之神秩祀如嶽鎮春秋望祭於吉林城西南九里温德亨山著爲典山蔚然深秀饗殿在焉亦曰小白山蓋長白亦名太白云

吉林通志卷一百五

人物志三十四　國朝十九

哈占　莽依圖

莫羅渾弟邑勒布　鼇貝杜敏

布怨庫族人敦達禮　華善扈圖　巴薩哈

對喀納　馬祜

哈占姓伊爾根覺羅氏世居葉赫隸滿洲正黃旗順治間由官學生洊任兵部督捕理事官康熙八年授祕書院學士十一年擢工部侍郎明年授陝西總督甫之任逆藩吳三桂反四川巡撫羅森提督鄭蛟麟

總兵吳之茂譚宏應之與三桂所遣僞將軍王屏藩

合謀寇陝西

聖祖命都統赫葉爲安西將軍同西安將軍瓦爾喀等進討

詔哈占與巡撫杭愛籌運軍餉十三年

命尚書莫洛經略陝西凡事與酌議哈占疏陳漢中廣元山

路險峻於略陽水道造船接運並借山西穀二十萬

石協濟夏貝勒洞鄂奉

命爲定西大將軍統征四川諸將而叛鎮楊來嘉自鄖陽結

王屏藩等犯興安時興安總兵王懷忠率兵隨將軍

瓦爾喀征保寗哈占遣遊擊程福代守禦賊漁渡路

敗之秋疏言洞鄂自秦州進兵四川略陽糧艘爲賊所劫饟運難繼

詔四川總督周有德經理廣元至保甯運道

命哈占飭屬速運廣元因疏陳陝西官民疲於輓輸請令山西協助

詔山西運糧水路有黃河汾渭諸險陸路道遠勞費尤甚戶部發庫銀十五萬兩遣員賫至西安採辦酌增其直閒獲什一之利樂於輸送自可源源接濟冬陝西提督王輔臣反甯羌莫洛遇害洞鄂自漢中還軍西安明年

詔洞鄂征秦州哈占分兵守蘭州疏言西安兵少不宜分遣

因請增兵

命移荆州兵一千以雲貴總督鄂善率赴西安尋

詔鄂善移兵守延安疏留之時同州遊擊李師膺叛殺韓城

知縣翟世琪脅神道嶺營卒結蒲城土賊陷延安而

固原道陳彭定邊副將朱龍並以城反輔臣據平凉

其黨分據秦州鞏昌慶陽陷蘭州洮州河州復阻棧

道陷漢中遣將分剿邠州淯化三水長武漢陰石泉

甘泉寶雞諸賊屢捷夏洞鄂復秦州提督張勇復鞏

昌洮州河州甯夏提督陳福復定邊平逆將軍畢力

克圖復延安西甯總兵王進寶復蘭州

詔洞鄂督諸路兵合攻平涼哈占疏言興安遊擊王可成反移潼關綠旗兵守商州移西安滿洲兵守潼關又興安叛兵與巴寇合陷商州舊縣關逼西安南山羣盜亦各出口請

敕洞鄂畢力克圖發兵赴西安應援

聖祖切責之曰始王輔臣反朕以蘭州爲近邊要地令發兵鎮守謂西安兵少不宜分遣致蘭州等處淪陷嗣以延安諸路要衝命鄂善周有德等駐守又留之西安致延安陷沒身爲封疆大臣遇事不周詳籌度祇欲重兵自衞又謂叛兵與蜀寇合欲諸將分兵赴西安是但知有西安置各

處於度外矣且蜀寇何能卽至西安因諸將齊赴平凉故
聲言欲亂我軍心分我兵勢耳諸將當急攻平凉現駐太
原之兵令將軍烏丹率守潼關現駐榆林之蒙古兵令理
藩院員外郎拉篤祜率赴西安以備剿禦秋慶陽知府王
文紳守備路調鼎反正擒僞總兵南一元以城降疏
聞十五年
命大學士圖海代洞鄂爲大將軍圍攻平凉降輔臣哈占疏
陳安輯降衆及善後事宜如所議行十七年以失察
布政使伊圖採買價直應革職
詔從寬留任十九年春將軍趙良棟王進寶復成都保甯四

川郡邑以次底定疏言軍餉由陝西運至保甯應令
四川官屬接運
聖祖以四川初定恐難驟供轉餉
命陝西運官以畧陽糧艘運至敘州秋
詔簡本標及綠旗各營精鋭率赴保甯規復雲南貴州冬疏
言進兵保甯糧餉若但資陝運不足支給請
命四川督餉官悉心經理又言叛賊譚宏彭時亨等四出剽
掠臣自漢中趨保甯所統無幾請
敕陝西甘肅巡撫提督撥兵畧陽陽平甯羌廣元諸要地防
守

允之會侍郎趙璟金鐮疏陳陝西轉餉入蜀運官不知軫恤

人民滋困尚書宋德宜言陝西四川宜以一總督經

理庶人民勞逸可劑其平於是裁四川總督以哈占

爲川陝總督既至保甯遣總兵高孟擊彭時亨於南

溪羅石橋等處敗之復營山縣渠縣尋疏言臣奉

命督川陝或應率兵進征或駐兩省適中之地調遣策應

詔速滅譚宏彭時亨卽進攻雲南明年春鎮南將軍噶爾弼

疏言譚宏已死忠州萬開建始雲陽梁山等縣賊巢

俱平高孟追擊時亨亦復廣安州達州大竹東鄉等

縣

詔哈占率所屬馳赴敘州會建昌永甯兩路軍同進疏言永甯一路大兵急需糧餉陝西輸運困敝請以西安庫銀六萬兩遣員賫往永甯瀘州諸處採買支給

俞之夏疏言臣兵發永甯由赤水畢節追勦逆賊馬進寶進規雲南兵單力弱請令現駐敘州之固原總兵王用予爲後應

詔用予即率兵馳守永甯時湖南廣西大兵齊集雲南合圍會城貝子章泰以兵多糧少疏言馬進寶既降賊勢窮蹙大兵已足用哈占兵甫至貴州威甯宜令還四川以節滇餉因

命擇駐要地兼顧川陝開復前革職處分尋以時亨窮蹙來
降加兵部尙書銜初譚宏旣死其黨僞總兵牟一乾
牟一舉率衆赴遵義降於提督周卜世其衆散處巴
縣涪州至是哈占疏言一乾等素奸狡若留舊地恐
復爲患請移之陝西强壯者於各營分隸懦弱歸農
聖祖嘉協機宜如所請又言慶陽協所轄潼關商州神道嶺
金鎖關四營距慶陽道遠應歸固原鎮統轄富平營
分防六縣汛廣兵單宜分鄜縣營兵百增隸之亦如
所請二十二年授兵部尙書二十四年調禮部冬乞
休自陳前羣逆作亂思捐軀自效晝夜拮据者十年

積勞成疾

詔前任川陝總督大兵征雲南數加催促始隨他人之後前往未嘗立功乃妄稱欲捐軀自效因嚴飭之

命仍效力供職以贖前愆明年秋卒官年五十有五

莽依圖姓兆佳氏世居瑚布察隸滿洲鑲白旗父武達禪崇德三年隨睿親王多爾袞征明攻直隸任邱山東濟陽並先登克之

賜號巴圖魯授騎都尉世職任太原城守尉順治七年遇

恩詔兼一雲騎尉卒莽依圖襲九年兩遇

恩詔晉世職輕車都尉十五年隨征南將軍卓布泰征明桂

王朱由榔至貴州明年師自都勻至盤江其將李定國悉三十營列雙河口爲象陳拒戰以步軍擊破之因定雲南康熙二年隨靖西將軍穆里瑪征湖南流賊李來亨賊據茅麓山冒矢石攻之破賊寨二又數敗賊來亨窮蹙自經死積功授江甯協領十三年逆藩吳三桂反陷湖南郡邑隨征南將軍尼雅翰率師規岳州以紅衣礮擊沈賊舟戰七里橋復敗之明年三桂遣其黨董重民結叛鎮馬雄犯廣東平南王尚可喜疏請援兵

詔尼雅翰移師往葬依圖署副都統駐守肇慶十五年可喜

子之信叛降三桂三桂黨范齊韓等來逼總督金光
祖降賊倉卒率所部突圍出且戰且走還駐江西僞
將軍黃士標等犯信豐往援之與城中夾擊賊遁追
敗之山後明年授江甯副都統時董重民尚據廣東
聖祖命爲鎮南將軍率師恢復以副都統額赫訥署副都統
穆成額參贊軍務師進南安僞將軍嚴自明以城降
至南雄降僞將軍宋思政僞總兵郭茂威等之信亦
擒重民夏疏言南安南雄部州所屬文武官弁昔迫
賊勢致汙僞職今既望風款附若悉與更張非所以
安反側請令暫留原任綏撫殘黎

特允所請且

奬其進兵迅速尋

命翰林院侍讀學士顧八代至軍傳

諭勦賊一切擇便而行時賊將胡國柱馬寶以衆萬餘犯部州擊卻之秋賊復於河西斷我水運餉道列營蓮花山以瞰城中會將軍額楚自江甯率軍至城中出與夾攻破其四營多所斬獲賊走帽峰山乘夜追擊大敗之河西賊亦遁水運乃通冬躡賊至樂昌賊據風門澳以守我軍三路仰攻别令貓兵由間道夾擊斬獲二千有奇進定仁化仍回駐部州疏言傅宏烈以

五千人獨當西路恐力不支已遣副都統額赫訥赴梧州助之

詔賊犯鄐州將軍莽依圖同額楚大敗之復追擊於仁化諸縣指揮悉定可謂智勇兼資凡爲將者統兵滅賊底定疆圉不必一一拱俟中旨惟應機適變盡乃心力斯克副委任至逆賊甫遁卽遣副都統額赫訥往援粤西尤可嘉尙

十七年三桂遣其孫吳世琮陷桂林馬寶亦由宜章陷平樂

詔赴廣西與傅宏烈會師疏言臣抵平樂圍其城賊水陸拒阻宏烈所統綠旗兵與戰不勝臣所遣軍難以久留

因退駐中山鎮而宏烈亦以莽依圖所統滿洲兵不

相應援人奏

聖祖念擊賊失利因江水泛漲並免罪仍

詔和喪尋以賊逼賀縣回梧州乞罷將軍任

切責之仍留任以功贖明年世琮犯梧州偕宏烈與戰大敗

之賊棄營走先是僞將軍馬承蔭以南甯降賊自梧

州敗走遂犯南甯城中食盡旦夕陷時方卧病聞之

卽督師倍道往援賊悉銳阻西山列鹿角拒戰額楚

額赫訥以前鋒軍擊之賊小卻莽依圖與將軍舒恕

麾軍益進而豫遣左翼兵潛出山後截賊盡殪之世

琮負重創以數十騎越山遁南甯圍解

聖祖以廣西平

命進取雲貴念承蔭雖降心叵測將爲肘腋憂疏言湖南大兵於武岡禦賊臣等一軍先進雲南恐諸路兵不能相應且廣西新定若無兵駐守恐有他虞

詔簡親王喇布鎮桂林莽依圖俟都統希福兵至卽發十九年授護軍統領夏承蔭反柳州率師討之次來賓承蔭列象陣拒戰我軍射以勁弩象回奔賊陳亂乘勢力擊賊敗走自以輕騎追之斬馘甚夥獲象三會簡親王與總督金光祖兩路軍亦捷承蔭復降柳州平

秋卒軍年四十有七葬依圖疏寬陷賊文武徵特識
機達變也抑亦仁心爲質及策馬承蔭之反又何神
哉而身後追論自平樂退梧州坐失機應籍家產半
歸
恩詔所得騎都尉世職
聖祖以著有勞績且所至軍民皆稱其善
命免籍沒但削去世職而原襲騎都尉兼一雲騎尉以其弟
博和哩襲仍祀廣西名宦祠
世宗又詔入祀京師賢良祠
高宗又追謚襄壯於以見

列聖褒功之典雖遠不遺足慰勞臣於地下而當時吏議何其嚴也

莫羅渾姓吳扎喇氏世居虎爾哈祖薩鈕

太祖時來歸任佐領隸滿洲正紅旗卒父赫葉諾繼其職崇德四年從征黑龍江多所俘獲六年從圍明錦州敵兵襲奪我紅衣礮率兵擊卻之又敗松山騎兵來犯我右翼者順治元年從入關破流賊李自成夏從征山西至獲鹿遇土寇三戰皆捷進軍陝西圍延安府賊出犯我輜重偕諸將擊敗之三年授雲騎尉世職卒莫羅渾襲七年九年三遇

恩詔晉世職輕車都尉十一年駐防杭州有土寇爲亂偕參領巴思堪討平之鄭成功以舟師萬餘犯紹興府復偕巴思堪往禦斬其副將一獲船三百尋隨靖南將軍珠瑪喇征廣東擊明桂王將李定國兵於新會縣敗其衆四萬有奇積功晉世職二等康熙十六年隨甯海將軍拉哈達征成功於福建敗其將趙得勝何祐等於太平山明年其將軍劉國軒犯海澄率兵往拒戰甚力以無援殉焉

䘏晉世職一等色勒布其弟也順治元年以佐領從豫親王多鐸追流賊於潼關數敗山寨之衆又於關外連爲

軍殿並捷明年移師江南土寇起溧陽隨都統圖賴擊破之尋守瓜州渡有賊來犯逆擊卻去從攻江陰中礮沒當時野史盛稱明典史閻應元守孤城八十日且礮殞名王而主名不得豈卽謂邑勒布耶然偏禆非其人也雖然兄弟勠力並爲國殤卽微其可沒乎事

聞積戰功贈輕車都尉世職子額色襲數從征伐以功兼三遇

恩詔晉二等男爵

鼇貝姓富察氏世居輝發隸滿洲鑲紅旗順治元年

以佐領隨睿親王多爾衮入山海關破流賊李自成追敗之望都予雲騎尉世職冬隨豫親王多鐸追討自成至潼關連戰皆捷明年移師江南破敵蕪湖縣三年隨貝勒博洛征福建敗其總兵黄某進戰泉州府三接三勝殲步騎六百有奇至南安縣偕奇爾塔巴擊城中兵出拒者敗之奪門直入立克其城晉世職騎都尉七年九年三遇

恩詔晉二等輕車都尉十一年從征廣東偕護軍統領賚塔副都統畢力克圖擊明將李定國於新會縣大敗其衆晉世職一等歷官至副都統杜敏者世居塔塔喇

以地爲氏與鼇貝同旗順治元年從入關破流賊李自成尋轉戰陝西湖廣及攻克芮城縣並有功予雲騎尉世職九年再遇

恩詔晉世職騎都尉兼一雲騎尉十五年從征貴州敗明總兵羅大順者二康熙三年從征流賊袁宗第郝搖旗於四川湖廣並擒之晉世職二等亦歷官副都統卒子蘇敏襲十七年從征雲南以功晉世職一等

布恕庫世居葉赫隸滿洲正黃旗故姓文車亨氏後

賜姓吴魯父那爾泰以戰功予雲騎尉世職順治六年從征叛鎮姜瓖戰沒於大同二子噶達渾與姓納喇氏者同名那爾

庫亦在行間慟父之死聯騎入賊陣多所殺傷遂並殉焉一門忠孝而

卹贈未之聞徵專閫者過卽史氏失之矣悲夫時布恕庫從討江西叛鎮金聲桓攻饒州府先登克之予雲騎尉世職十五年從征貴州敗明將李成蛟於涼水井師旋擢佐領直宿左翼門

世祖欲幸上駟院呼令啟門以夜不奉詔翼日下慎刑司鞭百尋召至景山

世祖奬之曰前朝帝者出畋於郊夜歸闔人不納從者曰上

也對曰夜莫能辨不得已從他門入翼日厚賞之汝武八
不知書所行竟與古合朕彼時未思故罪爾於是
特賜內廄馬一康熙九年遷參領十三年吳三桂反八旗都
統及副都統悉統師以出其印令本旗參領署理尋
收其七令大臣兼管以布恕庫公正其印獨留異數
也十六年擢本旗蒙古副都統列議政大臣
命赴簡親王喇布軍助討三桂瀕行入
見養心殿以刀一
賜之曰簡親王年幼未諳軍事將士臨敵有不用命者卿即
以是刀先斬後奏復

賜御膳及弓矢等物令侍衛桑格掖詣

太皇太后宫請安

太皇太后賜御膳及銀三百兩叉乳餅一囊内監崔邦起傳

旨曰副都統年高今炎天出征口乾啖此可止渴卽以是囊

盛賊首歸明年至江西擊敗僞將軍韓大任分兵躡入福

建境大任詣康親王傑書軍降夏大軍進湖廣率前

鋒軍與諸將拔全州道州及新田東安湘陰諸縣進

取永州戰白水市哲里橋蔡家店遂復府城三桂兵

圍永興壁城下三閲月我兵攻之不克其黨胡國柱

馬寶侵曉以衆三萬來犯督所部合大軍力戰至夜

始敗去十九年調滿洲副都統遣兵廣西拔興安雒容諸縣平柳州降叛鎮馬雄子承蔭以積勞卒於軍喪還京師

聖祖遣大臣及侍衛迎奠

賜祭葬如故事於墓道立碑謚曰剛壯族人敦達禮與姓郭爾羅斯者同名崇德三年隨貝勒岳託征明攻定興縣先登克之予雲騎尉世職六年從

太宗圍明松山敵中有介馬掠陳者一矢殪之

賞丁口十二順治九年兩遇

恩詔晉世職騎都尉兼一雲騎尉十一年從征湖廣廣東有

功晉輕車都尉卒子桑格分襲騎都尉兼一雲騎
尉以功晉輕車都尉

華善姓伊爾根覺羅氏世居佛阿喇隸滿洲鑲黃旗
順治初以官學生洊仕吏部主事擢刑部郎中明將
阮思陳六御等擁衆浙江舟山以本官參甯海大將
軍伊爾德軍事往征之戰海上兩陳方合颶風起奔
濤山立敵戰艦乘風逼我礮矢雨集擁盾以刀麾所
乘舟逆進去敵艦丈許大呼擲盾躍登之敵矛攢刺
格以刀一矛洞腹入腸隨出適有稻秸左取塞創右
刃刺腹者首墜矣又斬一人創三人所部繼登擒其

渠降餘衆百計會得千金藥創平舟山亦定擢太僕寺卿予雲騎尉世職尋遷内閣學士兼禮部侍郎銜

康熙九年

特命巡撫甘肅十二年冬逆藩吳三桂反雲南川陝多叛應明年春肅州兵變走涼州秋集衆復之十五年卒官

同旗曰扈圖曰巴薩喀扈圖姓瓜爾佳氏世居輩悠城順治初以前鋒參領從征福建戰勝分水關六年從征湖廣戰衡州府草橋南山岡雙橋皆勝尋移軍山東以紅衣礮攻曹縣冒煙皦闖飛石先登克之以功兼九年再遇

恩詔授騎都尉世職兼一雲騎尉歷官至前鋒統領康熙十四年以老乞休次子積爾薩襲長子穆圖亦以戰功予雲騎尉世職官前鋒統領巴薩喀姓巴牙喇氏世居虎爾哈諸父夸克他哈率族於

國初來歸以功授騎都尉世職順治元年卒巴薩哈襲五年從征湖廣流賊一隻虎犯荆州力戰敗之洊擢參領駐防杭州紹興府以警告率兵往援戰城下及海岸連勝獲船百艘三百餘復敗之牛頭山沙土村都門村等處山東土賊起隨大軍會勦破之恩縣戰齊河平陰並捷十一年從征廣東明將李定國據新

會縣隨靖南將軍珠瑪喇連敗其衆積功兼七年九年三遇

恩詔晉世職至男爵

對喀納姓鈕祜祿氏世居琿春兄班布里

國初率衆來歸隸滿洲正藍旗以戰功授二等輕車都尉世職順治二年對喀納由筆帖式任工部主事九年擢郎中十一年遷刑部啟心郎十五年缺裁十七年授都察院左副都御史遷刑部右侍郎康熙二年轉左四年擢本部尚書應

詔言事略謂年來奸民專以訐告爲事凡控於部院及叩閽

多稱藏匿于七及其黨事關叛案不得不准株連蔓
引貽害無辜及鞫明被誣家產已盡請嗣後凡稱于
七一案者概不准行庶奸惡之徒不得假借叛名誣
陷良善
詔如所請七年擢內
國史院大學士充
世祖實錄總裁官明年加太子太保銜兼管吏部尚書事十
三年以病乞罷
温詔慰留明年卒於官
賜祭葬如故事謚曰文端二十八年

聖祖駐蹕内運河詢知其墓
遣領侍衛内大臣費揚古奠焉
馬祜姓哲伯氏世居漢楚哈隸滿洲鑲紅旗
太宗初設官學命八旗習漢文因入學肄業順治九年成進
士選爲敬謹親王教習官品視騎都尉尋擢刑部員
外郎時初設欽天監滿官以爲欽天監監正康熙八
年
特授江甯巡撫
陛辭日
賜御饌及衣服鞍馬十一年疏言高郵興化等州縣連年水

災蒙
恩屢次蠲賑保全災黎今歲新涸田地勸民播種二麥將成不意清水潭決田廬仍被淹沒前部覆督臣麻勒吉所請蠲賑令於本年四月停止今各州縣田地復遭淹沒涸出無期民食維艱視昔愈甚懇請照常賑濟俟水涸可耕再行停止
俞之十五年卒官
賜祭葬如故事謚清恪於墓道立碑
稱其性行清廉材能敏練簡任巡撫實能率屬惠民云

吉林通志卷一百六

人物志三十五　國朝二十

珠勒格德　烏什哈達

阿爾素納　武登額

額勒登保　哈郎阿

全德　明德子郭全

安福　傳陞

努三　富永

珠勒格德姓鈕祜祿氏吉林人隸滿洲正白旗乾隆三十八年以

乾清門侍衞從征金川參贊大臣奎林攻斯第中飛石有兩賊横刀趨之珠勒格德殪以連矢餘賊驚潰

賜號扎克博巴圖魯擢頭等侍衞進攻俄坡賊穴碉後以守擊之遯去我軍既取木克什山設水卡斷賊汲道而設伏於旁賊二百餘乘霧來犯伏發敗去别有賊百餘來援逆擊之手刃三人攻木克什山下三碉克之與都統和隆武等襲取日旁山後戰碉十數平碉二百餘日旁山近勒烏圍東接谷爾提爲後路必爭地復乘夜與和隆武攻據之授正紅旗蒙古副都統四十年攻取達爾圖及得楞旁近各碉師進石眞噶拔

石城戰碉二木城一攻焚丹扎木各寨賊踰扎烏古山來援乘勝登山梁擊之賊酋中矢遁克爾瑪之賊棄碉寨竄追擊至曲頑木山寨攻什扎古克木城一而扎烏古山梁碉四卡八並克日斯滿至巴扎木山險碉多尤賊所恃與和隆武分兵攻之和隆武仰逼山梁撓賊珠勒格德由箐內繞擊克碉十有七於是甲索一路官軍聲息始通趨達徹谷山賊列寨嚴守分兵攻旁卡而自擣其中寨擲火彈焚之斃賊無算遂進克乃當獨松卡拉爾舍斯滿番眾悉降明年凱旋

賜銀幣圖形

紫光閣

御製贊曰奎林深入賊刃將及發矢斃之險中救急同心合力共集大勳寫圖旌武惇史流芬四十四年卒

烏什哈達姓伊爾根覺羅氏吉林人隸滿洲正黃旗乾隆二十八年以前鋒藍翎長駐防伊犁尋擢前鋒校三十二年從征緬甸有功

賜號法福哩巴圖魯授侍衛三十五年從征金川攻克巴朗拉山賊卡旋爲賊奪頃之復力戰取焉殲賊甚衆進破克貧哩賊寨擢二等侍衛尋授正白旗蒙古副都

統三十八年攻昔嶺大碉克之又克羅博瓦山碉卡
詔獎其功並
賜物四十年連奪雅瑪朋瓦喇占等寨栅明年凱旋授騎都
尉世職兼一雲騎尉
賜銀幣圖形
紫光閣
御製贊曰有足如鐮有手如翼削壁尖峯行無難色領隊奮
勇屢克碉堅羌兒畏之若雀遇鸇尋授和闐領隊大臣坐
與辦事大臣德風訐於
朝降侍衛發烏什邊卡效力四十九年授頭等侍衛虎

槍營翼長五十二年授健鋭營翼長征臺灣諸羅至

府城道多梗於賊悉平之

賜還巴圖魯勇號明年大軍抵瑯嶠領水師會圍擒賊首莊

大田

詔獎其功師還圖形

紫光閣列後三十功臣中

命詞臣爲之贊曰金川領隊不畏業岌領水師兵豈亦所習

連檣海口合勢圍急大田就擒志堅功立授吉林副都統

調齊齊哈爾副都統熊岳副都統五十六年授鑲紅

旗蒙古副都統從征廓爾喀師還圖形

紫光閣列後十五功臣中

命詞臣爲之贊曰金川攻碉臺灣率艦兩樹戰功皆能奮勉

茲在行間宇禦是資凱旋論績並圖贊之五十九年坐

召對陳征廓爾喀功不實斥戍伊犂嘉慶元年釋還請赴楚

省軍營效力予頭等侍衛戰襄陽鍾祥

詔獎其功

賜物明年扼宜城西岸賊七八百竄古河口殲其大半移防

四川石柱廳偕副將達桑阿自甲溪攻白巖山賊克

木卡一隊斬及溺死者五百有奇三年賊渠王三槐

擾梁山墊江趨渠口白巖山賊與通三槐遽引賊數

于渡江以所部扼之江岸衆寡不敵殉焉事

聞

詔加等賜卹予輕車都尉世職子圖爾弼善襲夫

紫光閣古雲臺淩煙閣類也畫像其上世以爲榮烏什

哈達凡三與榮亦甚矣顧當時功出其右而形不獲

圖者不知凡幾非有幸不幸耶觀屢仆屢起卽其材

亦非有異而獨以死自榮

紫光閣無與也死有重於泰山豈不諒哉

阿爾素納姓祿葉勒氏吉林人隸滿洲鑲黃旗乾隆

三十四年以侍衞從征緬甸戰新街有功

賜號額騰依巴圖僭遷二等侍衛明年從征金川攻巴朗拉
嶺偕侍衛額森特先登奪中山峯兩碉夜復與諸將
攻山巔碉卡克之我軍遂越巴朗拉嶺三十七年分
三路攻賫哩偕總兵牛天畀自瑪爾瓦爾濟進奪碉
十數有賊爲中路大軍所破竄匿地溝殲之殆盡參
贊五岱攻北山石碉阿喀木雅賊自南山往援阿爾
素納邀擊敗去進攻阿喀木雅賊夜遁奪緣山數碉
又擊敗賊突來犯者尋由喇卜楚克繞攻賫哩南山
偕牛天畀分進牽賊勢進攻美美卡短兵陷陣多所
斬馘偕總兵李煦樹栅薄賊大木城賊二百餘出犯

擊斬甚夥復偕副都統海蘭察夾攻之斬賊三百有奇大軍進貢噶誘賊與戰偕諸將四路設伏圍而擊之斬級百餘進逼兜烏山偕總兵哈國興等攻克穆拉斯郭大寨據兜烏山巔與總兵馬彪兵合攻旁近碉卡並克還頭等侍衛加副都統銜旋授領隊大臣明年大軍至木果木與海蘭察攻賊兩大碉戰連晝夜卒克而毀之

詔獎其功時以所部駐兩山間賊二百餘來犯分道禦之賊敗去追擊至山麓奪石碉二益進逼賊賊窘復來犯逆擊多負傷遁尋偕副都統烏什哈達由達扎克角

下攻賊木城賊出拒斬級數十乘勝入據其城並克
碉樓一石卡二授鑲白旗蒙古副都統進攻達扎克
角山梁木城克之下碉卡四並殲箐中伏賊旋克得
斯東寨及昔嶺對山木栅築礮臺於達扎克角高阜
或攻或禦又十數戰斬馘以千計其夏回軍至大壩
溝禦追賊力戰殉焉事
聞贈都統銜
賜祭葬如故事入祀昭忠祠予騎都尉世職兼一雲騎尉無
子從弟某襲兩金川平
命圖形

紫光閣詞臣爲贊曰攻巴朗拉絕巘先登三軍從之以是著稱賫哩斯當鷙若鷹隼大墉殺賊名彰身殞

武登額姓瓜爾佳氏吉林人隸滿洲正藍旗乾隆三十八年以前鋒校從征金川賊於賫哩棸卡拒守隨副都統福珠哩擊走之斃賊甚衆明年攻下色淜普山梁木城並石碉十一進克喇穆喇穆多所斬馘尋隨參贊海蘭察自瑔谷進斬級二百餘克碉卡四至凱立葉復大敗賊衆四十年偵賊宜善攻克其碉擊賊得耳谷又敗之明年攻榮噶爾博山梁克之金川平凱旋累遷至協領五十九年坐吉林蔘務不理鎸

級嘉慶二年從征川陝楚三省教匪藍號張漢潮擾平利隨副都統賽沖阿抄擊於曾家壩大敗之冒雪逐北至竹葉關斃賊甚眾餘竄黑虎廟伏峽口要之斬級千餘箭殪賊目張世虎而黃號齊王氏姚之富擾甯羌州追擊於羅村壩大敗賊眾明年白號高均德竄洋縣龐家溝勦之斬賊二百餘賊夜走安子溝犯我大營力擊卻去齊王氏等竄鄖西我軍邀擊於高壩店賊敗遁大軍三路圍勦逼至三岔河多所擒斬齊王氏之富墜巖死搜勦洋縣茅坪關西溝並有斬獲餘賊竄川境與藍號冉文儔合據渠縣大神山

進攻克之又克箕山賊巢殲賊無算四年漢潮餘匪擾楚境擊之蓮花石油房溝等處斬級百餘尋隨經略大臣額勒登保入陝辦賊遇賊甘肅岷州林江鋪繞出如意山左猝擊之斬賊以百數旋入川境敗賊達州之劉家壩積功復協領回旗二十一年授熊岳副都統道光二年以年老休致

賞食全俸九年卒子圖明阿二品廕生

額勒登保姓瓜爾佳氏（或云字珠軒非也珠軒蓋烏拉打牲戶名）世居吉林隸滿洲正黃旗少從征伐爲超勇公海蘭察所知曰子將才宜略識古兵法以不識漢字取繙清三國

演義授之遂爲名將緬甸金川之役並有功洊授侍

衛

賜號和隆武巴圖魯乾隆四十九年隨尚書福康安破石峯

堡逆回遷二等侍衛

賞黃馬褂五十二年擢頭等侍衛隨福康安征臺灣解嘉義

圍明年擒林爽文臺灣平遷

御前侍衛圖形

紫光閣

命詞臣爲之贊曰中林效績健捷過人星馳飛鏃操刺罕倫

直前披擊衝壘奮身龍驤備衛是謂虎臣明年廓爾喀擾

後藏隨福康安討之七戰皆捷攻克擦木賊寨事平
加副都統銜再圖形
紫光閣
御製贊曰石碉木栅鱗疊賊防勢如捲籜捷似頹牆將軍所
示無不領略率領精兵埋根卓鑠尋授副都統兼護軍統
領六十年擢都統時黔苗石柳鄧叛松桃廳楚苗石
三保叛永綏廳陷乾州福康安以雲貴總督視師請
於
高宗俾與護軍統領德楞泰率巴圖魯侍衛偕往師自松桃
迤西進攻解永綏圍克黃瓜寨首逆吳半生據蘇麻

山寨攻之克其西梁半生遁追擒於高多寨授內大
臣獲乾州賊目吴八月其黨據平隴師進長吉山擊
敗賊數千來犯者嘉慶元年福康安薨代以四川總
督和琳會三保就擒而柳鄧尙據平隴遂率師渡河
先趨乾州復其城授領侍衞內大臣
賞花翎其秋和琳卒於軍統兵大帥惟與德楞泰及湖南巡
撫姜晟
詔將軍明亮提督鄂輝會勦冬偕明亮等攻克平隴柳鄧遁
據養牛塘山梁進克之斬柳鄧父子及吴廷義等
詔封威勇侯

賞雙眼花翎銀千兩明年班師當是時川楚教匪方棘遂由

苗疆移征湖北轉戰鶴峯州建始縣連奪賊寨柵斬

馘數千殪賊首林之華於巫山而覃加耀竄長樂之

朱里寨卒未就擒

詔降伯爵戴單眼花翎三年春獲嘉耀

詔責不早蕆事奪爵及花翎褫職

予副都統銜赴陝協勦白號高均德黄號姚之富齊王氏藍

賊有青黄藍白綠等號云會賊目李全等自盩厔至

藍田期與高齊合李師截擊之之富齊王氏失援遂

殲於明亮德楞泰進擊均德均德竄商州鎮安等處

而藍號張漢潮由川入楚馳赴荆州禦之敗賊於竹山逐北至陝之平利縣又由陝躡擊至川之太平縣白號羅其清據營山縣之箕山爲德楞泰所破因邀擊於廣元獲漢潮子正瀣與德楞泰軍合其清竄據大鵬山合軍圍克之斬其清父從國其清遁巴州率所部追七晝夜及之擒其清並子若弟

賞還花翎聖武記十三二年圍羅其清於大鵬寨官兵立營山腹賊黨羅其書衆數千截我後路扼餉運額侯分兵回擊賊據堡力拒忽援賊五百餘由山後繞襲麾下侯勒馬橫立一矢洞賊胸背率親兵百人齊壓退賊次日擊走羅其書通餉運合圍大鵬寨賊犯總兵朱射斗營開壁大戰殺賊二千賊走據青岡山樹柵拒險侯偪柵急攻使賊不得修備持久侯距柵不及一矢席地而坐總兵楊遇春督官兵囊土立

營冒賊槍礮死者死生者生壘立就諸營繼之連夜攻擊賊不能支復竄遂風寨據廢堡死拒無水無糧參贊德楞泰亦至會攻勢垂克薄暮忽傳令撤圍初更賊傾巢潰遁偵遲至黎明始督兵馳追未三十里及賊逃竄過半追殺三十餘里至方山坪賊盡解散遂獲羅其清於石穴其竄散萬眾三日間盡爲兵民擒獻是役也賊趨絕地咸謂可坐待其斃侯以困獸猶鬬黑夜中萬眾死突我兵豈免受創既遠近無他賊故開網縱之俟其解散飢疲就縛如探囊中物也　進勦青號徐天德白號冷天祿於合州明年春

詔四川總督勒保爲經略大臣

命以副都統與明亮爲參贊大臣藍號蕭占國張長庚率賊七八千自閬州竄營山力疾躡殲其眾斬占國長庚授二等男爵時天祿據岳池乘勝冒雨進勦天祿遁

廣安州追殪之殲賊衆千人於石筍河晉爵一等白號張子聰據雲陽率軍進勦子聰糾黄號樊人傑龔建等并力以拒別賊蕭焜又合綠號卜三聘等來犯連敗之寒水壩等處賊稍稍解散子聰復糾藍號冉添元竄陜我軍扼之逼回南江子聰遂竄通江追敗之荀家坪又敗添元於木老壩添元竄鎮龍關將與馬鞍寨青號王登廷合先擊登廷奪其寨逐北至大竹東鄉等縣齊家營別賊廬至因分兵擊之擒斬三千有奇而仍躡登廷不置其秋勒保明亮被逮

詔授經略大臣聖武記既而德參贊往擊徐天德額侯馳擊包正洪扶病冒雨殺賊千計旋探知蕭占國

張長庚二賊萬餘據黃土坪其地南臨大江北倚觀音山蜿蜒百餘里東出三十里爲城隍廟西退六十里爲雞猴寨侯命朱總兵繞雞猴寨截其走路而自率楊遇春以大兵襲攻城隍廟賊果敗走朱總兵據險邀之左右懸崖賊無走路每二三百亡命衝突出者積至千百復回攻及大軍追至夾擊賊斬賊大半賊先後逃出三四千下山越溝喘息時已薄暮下令曰賊憊且飢不及此滅之夜必狂奔又勞追勦我軍雖勞能賈餘勇者受上賞軍士皆奮夜圍賊於石岡偪下懸崖生擒四千餘衆斬張長庚蕭占國亦有薙髮言難民以免者數百投入冷天祿賊黨訴額侯兵威之可畏冷天祿曰我屯安樂坪曾破勒經略兵數萬誰敢正眼窺我既額參贊軍不遠我止選先鋒八百往生擒之遂行額侯令楊遇春潛繞出其後而移克登布兵二千據人頭堰以待自率大隊攻其中路以索倫勁騎傍衝之賊聚驍騎決死戰冷天祿斃於箭次日復追及其大隊萬餘於石笱河破斬 先是司大半旬日連殄三賊遂奉 旨授經略

湖北糧餉胡齊崙餽送事發獨一切無所受

詔稱其忠勇公清爲東三省人傑復授領侍衛內大臣疏言徐天德經楚軍剿敗折回川東勢已衰弱而王登廷現與冉添元苟文明合又襄樊賊首阮正潍竄至廣元覘覦入陝目前賊勢川北爲重臣未便再往川東應通籌全局相緩急圖之

詔韙其言尋率總兵楊遇春殲正潍等於雲霧山授都統其冬登廷天德添元合黨來犯躍馬督諸軍力擊敗之獲賊目賈正舉等自巴州追餘匪入倉溪賊殊死戰我軍多有傷亡既而登廷爲南江縣團勇所擒獲事

聞

詔額勒登保奏盤獲王登廷與所奏官兵挫折倉溪事僅隔一日使他人處此必諱言失利以登廷作爲陳獲掩敗爲功乃據實直陳不稍存諱飾而於團勇盤獲並不攘爲已功洵不愧經略之任郎中胡思顯代司章奏以主將不欺遇事直陳

賞三品卿銜冬冬高戴馬羅各逆首由老林突入陝西城固南鄭等處奏督兵赴陝而以四川軍務交總督魁倫接辦因病暫駐秦州

遣御醫診視尋殲賊衆於甯遠伏羌岷階二州獲賊目陳正甲白號楊開甲等由甘入陝而藍號張漢潮餘黨仍

熾潼河失守

詔逮魁倫起勒保成都將軍與德楞泰剿賊其陝賊

責與尚書那彥成剿之於是率總兵楊遇春馳抵商雒道擊賊追至兩岔河殲獲幾二千遂抵龍駒寨遏賊東趨盧氏之路賊走洵陽設伏擒斬藍號賊目劉允恭劉開王等藍漢潮餘黨在陝者略盡矣晉封子爵剿黃號伍金柱於漢陰廳斬賊首龐洪勝等殲賊五千追斬開甲洋縣之茅坪聖武記五年剿楊開甲大隊於洋縣之茅坪賊踞山巔勢險峻侯先遣兵繞出賊營左右而大兵三路進攻繼率大隊挈大礮步步爲營策應而進其三路之兵誘賊至大隊前五百步外大礮擊之五五七十步外銃矢合擊之戰方酣旁山伏兵已繞出賊後乘高下壓前後夾

擊擒斬千餘陝賊全竄甘肅兩當及徽縣而藍號陳
楊開甲授首
傑仍偷越棧道將奔南山率兵擒傑斬級三千有奇
又槍斃金柱成縣之夾溝賊首宋某據兩當者亦殪
之於是移師西嚮而賊不據城池惟往來川楚陝交
界萬山中猛竄疾馳趨向無定疏言賊蹤飄忽惟堅
壁清野可以制其死命現川省堅築寨堡賊即不敢
深入而秦楚兩屬結寨寥寥仍可恣掠請一律興築
詔可因責以勦捕而以防堵責疆吏會賊逼武關冀入豫督
兵截擊逼回西南六年勦黃號王廷詔白號高三馬
五等於漢陰南山獲八百人斬千有餘級

詔高三馬五廷詔並著名悍目官兵旣獲勝卽宜專注此賊不可舍而之他提督楊遇春尋擒廷詔川陝邊界之鞍子溝復追高三馬五於甯羌州擒之並擒賊首王凌高等

詔嘉調度有方晉爵二等

賞還雙眼花翎尋疏設甯陝鎭爲南山屏障當是時逆首著名者陝西則冉學勝伍懷志等湖北則徐天德苟文明等四川則樊人傑冉添泗王士虎等尚不下十餘起學勝北擾甘境自漢中入棧過之渭河又竄之漢江南岸賊遁平利而洵陽復有白號張天倫等五起

合屯劉家河等處勢張甚遣遇春勦之擒賊千所殪
倍之拔出難民數百天倫亦就擒遣提督穆克登布
擒懷志於秦嶺添泗士虎復於通江爲遇春所擒其
起事最久之天德學勝亦殲擒於楚蜀官兵而姚之
富子馨佐及白號高見奇辛斗等方擾甯羌督軍西
勦逼入川北既而總兵楊芳擒辛斗於南江副都統
豐紳等擒見奇於紫陽勦逆首李彬建州境獲其妻
子及賊目冉添璜等別賊韓進文各率所部降賊勢
日慼因條上搜捕事宜

詔嘉深中肯綮晉封伯爵

賞黄面貂皮馬褂苟文明潛合高冉殘匪由廣元偷渡漢江竄入甘肅階州尋回竄廣元復竄通江殲之瓦山溪獲文明弟文舉等文明竄開縣大甯七年擊斬黄號辛聽於南江而文明由西鄉七星壩掠船偷渡漢江北岸疏請議罪降爵一等男戴單眼花翎旋

詔以經略大臣兼西安將軍專辦陝賊其川賊

命德楞泰勒保勦之文明竄入南山與别賊宋應伏劉永受等合且詐用官軍旗幟計陷我軍督師入山搜勦峽路險阻賊勢盛則隨地抗拒被勦窮蹙則翻越陡壁藏匿老林又多分黨羽倏東倏西爲牽綴官兵計其

夏痛殲之龔家灣文明僅以三百人跳免獲其妻子並誅㟁民通賊者賊目永受亦爲村民所斃文明尋由川塘河東竄率師抄擊數有斬獲晉封一等伯

賞還雙眼花翎疏言軍務將竣減撤東三省及兩粤官兵秋窮搜南山餘匪斬首逆張芳旋至平利與德楞泰合軍勦楚匪凡五戰擒斬大半駐軍安康紫陽東顧楚境西策川界冬殪青號熊方清於王家莊並於竹溪盡殲老林餘匪而穆克登布追賊通江鐵鐙臺擒首逆蒲天香等數人晉封侯爵時諸路就敉殘匪分竄老林者或百餘人爲一起或數十人爲一起不足勞

大軍乃與德楞泰勒保疏報蕆功
優詔晉一等侯世襲罔替授
御前大臣加太子太保
賞用紫韁明年留陝搜捕餘匪獲馨佐應伏等於紫陽上善
後事宜五則冬振旅還京
特遣御前侍衛郊迎行抱見禮於
養心殿
賞賚不次尋入川偕德楞泰悉殲餘匪以疾告
命回陝調理十年春入京
命總理行營事務充方略館總裁

御製詩以賜加賞銀五千兩大緞十六疋充後扈大臣

賜紫禁城騎馬

命謁告

裕陵授崇文門監督秋

駕幸盛京恭謁

三陵成禮

詔晉公爵壽耋年五十有八遺疏至

行在

仁宗震悼涕泗交集

特賞陀羅經被

遣成親王率侍衛十人回京奠醊
賜治喪銀五千兩及
觴回
親臨賜奠
御製述悲詩一律
命將軍秀林修其吉林祖墓官爲立碑建專祠地安門外
賜名褒忠春秋致祭照公爵例
賜卹
予諡忠毅額勒登保天性嚴毅笑比河清諸將白事帳前莫
敢仰視然能得士心雖疲乏隸之輒變勇敢嘗語諸

將我軍條條生路惟拚命進戰是一死路賊條條死路惟拚命進戰是一生路欲以我之長擊賊之短惟有出其不意攻其不備一法故追躡必窮所向俾賊不得憩息師行整隊伍常若臨敵或倉卒遇賊後隊未即至即以前鋒突擊不使賊有成列之暇每宿必四路偵詗以備不虞臨陳徼彈常從肩耳過左右失色督戰益力尤嚴操守賞士巨萬不惜而不以一錢自奉督撫餽遺皆不受軍興久諸將多畜貨財凱旋過蘆溝橋雖德楞泰亦輜重纍纍獨蕭然行李數騎而已初有子爲侍衛卒得書方治軍不言亦無戚容

夜歸帳乃盡哀明日治事如故回京生子一

仁宗賜之名甫數月

賜奠時

仁宗取子至膝下

命襲侯爵踰年卒以弟子哈郎阿嗣自有傳或謂額勒登保

忠廉果毅足貫天人其子夭亡雖修短有數而誅戮

亦不無稍過焉

哈郎阿作郎或哏父依克唐阿嘉慶四年從征四川教匪

有功授驍騎校

賞藍翎六年調陝西戰隴州草白峪陳沒以額勒登保弟

賜卹加等予雲騎尉世職哈郎阿襲十三年襲一等威勇侯
爵授二等侍衛十七年遷頭等
命在乾清門行走明年河南教匪陷滑縣
命與副都統格布舍隨
欽差大臣那彥成提督楊遇春勦之既破道口迎拒之賊分
七路進兵偕格布舍抄擊其右因合各路克道口殲
賊二萬燬其巢面亦被創進攻滑城賊三千餘自桃
源來援擊卻之既而援賊規入城城賊二千出應隨
遇春衷賊力戰殲之靡遺以功
賜號繼勇巴圖魯凱旋坐攜幼孩鑄四級調用用前功改留

任二十一年充奏事處領班較射中五矢
命在
御前侍衛上行走授正白旗蒙古副都統尋遷武備院卿兼
正黃旗公中佐領二十三年從
幸盛京坐武備院卒擅入黃布城退出
御前侍衛在
乾清門行走尋復故授正白旗護軍統領道光二年遷
左翼前鋒統領四年造辦處玻璃庫災馳救甚力
賜幣
賜紫禁城騎馬六年

宣宗御含輝樓閲馬射中五矢

賜物逆回張格爾陷喀什噶爾四城

命爲領隊大臣隨揚威將軍長齡剿之明年偕參贊大臣楊遇春戰賊洋阿爾巴特莊旣捷逐北三十餘里殲賊萬餘俘二千二百有奇

賜物賊復糾十餘萬衆據沙布都爾莊之險以拒我軍三路進提督楊芳由右路而哈郎阿以騎兵繼之斬馘甚衆賊仍嚴鼓遂縱騎橫貫賊陳乃大潰逐北四十里殲賊無算師進阿瓦巴特莊與領隊大臣阿勒罕保以騎兵分左右會大軍合擊賊陳亂乘勢襲莊後獲

安集延頭目阿瓦子邁瑪底等擒賊幾三萬進渾水
河賊數百人躚渡來犯擊卻之遂渡河馳逼喀什噶
爾城圍攻克之張格爾先遁獲其孥及從逆伯克阿
布都拉安集延頭目推立汗等斬級六萬俘四千有
奇而賊目玉努斯尚據和闐師進毘拉滿以騎兵北
由沙山抄出賊後與前三路合擊大破之多所斬獲
餘賊潰遂克和闐被
優賚擢鑲紅旗蒙古都統其冬張格爾就擒明年俘獻
闕下
賜緙絲蟒袍一襲幣二端列四十功臣圖形

紫光閣

御製贊曰御前扈從心懷禦侮命中挽彊鬭如虓虎率吉林兵衝鋒勇賈精壯堪嘉望繼乃父九年充壓馬大臣坐馬未調習鐫一級留任明年回裔復入卡圍喀什噶爾城

命偕楊芳爲參贊大臣隨長齡勦之師至賊逼疏言城圍三月糧糗無餘酌留守兵外悉令就食葉爾羌

俞之

命與楊芳察葉爾羌各大臣所辦理及回衆助逆情形尋疏復先是逆回滋擾喀什噶爾參贊大臣扎隆阿疏陳

回子郡王伊薩克有勾結內應情事
宣宗以事關重大
命解扎隆阿任並哈郎阿所疏伊薩克情形交長齡案鞫會
長齡劾扎隆阿任兵民妄相殺戮
詔褫職研究
命哈郎阿護理喀什噶爾參贊大臣印務疏辭
不允並
詔與楊芳妥籌勦撫善後各事宜及嚴捕著名賊目十一年
疏言分別覈辦喀什噶爾附近從逆被脅回戶又東
南兩路回眾先後擒送逆賊百四十二名及偵卡外

阿哈素魯有馬賊三百餘抄掠已令將弁戒嚴相機
懲創
詔嘉之其秋坐扎隆阿誣陷伊薩克前疏陳伊薩克情形草
率鐫五級留任時議行屯田資防守
宣宗以久歷戎行令暫留回疆辦理或駐葉爾羌或駐喀什
噶爾與長齡等審量以
聞而浩罕伯克遣使求通商如故疏入
詔可因此責令縛獻賊目送所脅民回爲一勞永逸計明年
遂遣使進表送喀什噶爾回衆並領安集延貿易人
及貨物馬匹進卡宣示

威德許通商免稅夷目悅服疏入
嘉焉
命佽通商事定察夷情帖服於筵宴後回京其冬福建嘉義
縣亂作授參贊大臣偕
欽差大臣瑚松額勦之未至事平旋師明年歷署鑲藍鑲白
旗都統坐奏事處擅收無名封章未留其人鐫二級
調用改留任十四年
宣宗諭
西陵總理行營事務尋授閱兵大臣明年閱山西陝西軍歸
擢領侍衞內大臣冬山西巡撫申啟賢疏言校閱省

城營伍各弁多虛報弓力槍礮有全未中靶者
詔哈郎阿甫經往閱乃顢頇卒事如此褫都統退出御前侍
衛以二等侍衛在乾清門行走罰世爵半俸十二年旣數
遷至正藍旗蒙古都統復
賜紫禁城騎馬二十一年春山海關奏王島有夷船署領侍
衛內大臣馳往協防其秋再往旣而英夷犯浙江海
口陷鎮海授參贊大臣偕揚威將軍宗室奕經往勦
夷釁之起以黃爵滋請禁鴉片煙而林則徐使粵勦
繳疏陳勦撫兼施
宣宗手報該夷自外生成彼曲我直中外咸知朕不慮卿等

孟浪而慮畏葸於是兵端開矣夷卒不得志於粤遂由浙入江浙事之棘奕經留蘇州有司日以歌舞樂之葛雲飛王錫朋鄭國鴻死綏而裕謙亦殉始款於江甯厥後咸豐十年夷犯天津僧格林沁勝保先後禦之不利再款於京師兩役皆英倡法亦與焉又後光緒十年法夷内犯

朝旨戒所在勿先發臺灣罷雞籠不守幸挫於孫開華福建夷船索戰我輪舶倘連椗江中亟以請主者弗省遂並船廠胥毀於夷幸捷武兵船礮殪其酋孤拔迨馮子材大衂之鎮南關夷乃以款請中間俄夷乘

我多事東割吉林黑龍江西割伊犂邊界屬國琉球緬甸暹羅遞攘於諸夷朝鮮不絕如縷談者由是競於洋務矣大抵營購一切及使者番出規以自彊天下由是衰耗焉禦夷要領故未知所在而兵端實始道光時於是哈郎阿復奉

命回防山海關

賜裘一襲疏言吉林黑龍江滿兵防堵山海關者所領馬乾不敷飼養請照成例減半支給

俞之二十二年授領侍衛内大臣尋

命在

御前侍衛上行走調鑲紅旗漢軍都統連坐所屬鐫三級留任二十五年以病請致仕

命食侯爵全俸二十九年卒

賜祭葬並銀五百兩加太子少保銜謚曰剛恪子那銘襲授

乾清門侍衛

全德姓瓜爾佳氏吉林人隸滿洲鑲黃旗乾隆中從征緬甸金川有功五十七年歷遷佐領尋擢防守尉任協領嘉慶二年隨吉林副都統賽沖阿剿川陝楚三省教匪明年春擊白號高均德於王家山敗之師次陝西洋縣安子溝賊夜襲我營舉火力戰斬級千

餘追黃號齊王氏姚之富至楚鄖西大軍圍攻賊潰獲賊目王如英等於三岔河齊王氏之富墜巖死殲賊甚夥其夏均德奔渠縣大神山與通江藍號冉文儔合大軍分道攻克之秋青號徐天德據達州境白號羅其清據巴州境結襄陽黃號樊人傑擾觀柴場等處我軍分攻之鏖戰四晝夜斬馘四千有奇四年追文儔至東會山梁賊乘夜間犯設伏以待既入大敗去並有功明年移師入楚鄖藍號餘匪於七佛溝衆賊迎拒率所部與戰賊據山梁下撲突出諸軍前一槍斃二賊賊驚我軍乘之大敗賊衆

詔嘉之進攻林江鋪杜家坡兩岔河三戰三捷殲賊無算
賜號噶爾薩巴圖魯六年擊敗文傳於隴州草白峪再敗之
楊溝加副都統銜尋卒子三和特恩保防禦富拉特
恩保佐領富隆額驍騎校而與全德隨賽冲阿征教
匪功名略等者曰明德
明德姓伊爾根覺羅氏吉林人隸滿洲正黃旗乾隆
中嘗從平金川有功六十年歷遷至佐領嘉慶二年
隨征川陝楚三省教匪師進陝西會藍號張漢潮走
平利曾家壩擊敗之尋設伏黑虎廟斬級千並殪賊
目張世虎其冬漢潮合黃號王廷詔竄漢中謀北遁

率勁兵馳高臺寺要之斬馘無算
賜號噶爾薩巴圖魯
賞花翎明年白號高均德自鐵鎖關竄川境躡擊多斬獲其
秋均德據大神山與通江藍號冉文儔合擾及龍鳳
坪我軍渡消水河攻之薄道嶺連矢斃賊數十賊靡
我軍因乘之逐北至鑼鍋頂斬級五百擒張畢等二
百餘人冬擊黃號樊人傑龍紹周於箕山殪賊六百
餘偵文儔據麻壩寨夜疾走乘其不備燬賊巢已亦
傷於石四年隨內大臣德楞泰入楚擊青號徐天德
於竹山之紅坪進克店子埡明年藍號冉添元渡嘉

陵江分擾南部鹽亭西充縣境我軍自楚躡入川連克馬蹏岡黄茅嶺獲僞先鋒陳得俸並殪藍號賊目冉添恆進攻包家溝獲添元及僞總兵解其順等二百餘人白號張子聰據新店以騎兵由老鸛嘴疾擣其巢賊潰竄銅埡口進攻之陳斬僞元帥雷世旺其夏躡擊藍號賊目冉添士汪家坪曹家坪斬級三百擢協領藍號李炳據巴州陡坎子山梁先諸軍登戰尤力賊潰

詔奬焉六年春逐賊入陝敗之乾溝俘斬千計仍躡至野豬坪箭殪白號賊目高二𤠔其衆天德人傑潛渡漢江

要擊於鍾家坡敗之夏天德走紫陽東竄我軍躡擊不少縱賊窮蹙走仁河新灘爭渡船覆天德墜水死秋由陝入楚敗賊通城九道梁逆擊青號賊目李尙文逸自大禾田者獲之進攻紅茶園殲賊目吳添珍及其黨數十人明年擊賊蒲河敗之復由楚入川連攻柏林槽九盤寺馬鞍山多所斬獲其秋戰煙墩埡旣捷進搜餘匪於天池埡白牛池白河口捕斬甚夥軍事漸定凱旋尋擢墨爾根城副都統二十一年乞休二十四年卒子郭全道光六年以防禦隨征喀什噶爾城力戰殞焉

安福姓薩克達氏吉林人隸滿洲鑲藍旗乾隆五十五年由雲騎尉授侍衛尋遷二等嘉慶四年川陝楚三省教匪未靖吏部尚書魁倫署四川總督擢頭等侍衛隨往征之明年隨經略大臣額勒登保追擊黃號伍金柱於陝西之漢陰賊屯大小銅錢窖期提督楊遇春分道攻之賊據窖南山梁下撲我軍圍而與戰斬賊目龐洪勝獲其子有兒並楊大燕等越日白號楊開甲焚掠洋縣茅坪邵家溝勢張甚率所部趨亂石峽溝仍期遇春夾擊殪開甲斬獲二千餘而白號賊目高三馬五糾青號徐天德黃號王廷詔謀竄

湖北我軍由竹溪要之適賊聚棗樹嶺山梁力攻之賊東遁俘斬千計其冬高三馬五復自漢陰趨漢陽坪折竄五洋河遂出越嶺關截賊前擊之大敗去六年高三馬五竄白雄關攻掠民峒率步騎分路邀擊斬獲四百有奇夏勦藍號賊目冉學勝於隴州草白峪賊敗走躡擊於蕭家壩及紫陽俘馘三百有奇既而餘匪竄西鄉紅羊河偕協領全德率騎兵追殲之其秋還京在

乾清門行走九年充吐魯番領隊大臣明年加副都統銜調塔爾巴哈台領隊大臣尋授鑲白旗蒙古副都

統遷圍場總管十五年
巡幸木蘭畢秋獮坐圍場牲畜稀少失察附近蒙古民人潛
偷降三品頂戴尋又坐失察偷伐圍場樹木鐫三級
留任二十年回京以頭等侍衛在
大門上行走明年復在
乾清門行走二十四年三遷正白旗滿洲副都統坐失
察闌入
禁門者褫職留任明年充
御前侍衛授右翼前鋒統領追坐失察吐魯番濫支開墾地
租銀罷道光二年

命赴馬蘭鎮察緝盜伐樹木汛弁治如律疏陳量展青椿章
程明年授鑲白旗護軍統領調鑲黃旗明年坐不能
彈壓
隆宗門叩
閽之護軍罷職並褫
御前侍衛仍罰俸五年授
盛京副都統歷調正藍旗滿洲副都統六年逆回張格
爾入卡滋擾
命統黑龍江官兵赴剿明年與大軍會洋阿爾巴特莊賊列
沙岡我軍分三路進隨揚威將軍長齡由中路進擊

奪據沙岡賊潰其半竄回莊殲之殆盡進抵渾河賊夾岸相持我軍出不意徑渡擊之賊奔喀什噶爾城張格爾已前遁偕提督楊芳等圍克之

賞花翎尋偵賊據塔里克達巴罕偕楊芳分道進攻先諸軍力戰受槍傷

賜號礜勇巴圖魯擢察哈爾都統八年復充

御前侍衛其夏回疆平列四十功臣圖形

紫光閣

御製贊曰多年侍衛出鎮陪都命將勁旅萬里疾驅搜勦逋寇遇之負嵎中槍出險叚用嘉諸明年隨

欽差大臣長齡視師新疆秋歷調鑲黄旗護軍統領坐保送
揀補守備技不中程鐫一級留任十四年以年老罷
御前侍衛授右翼前鋒統領十六年坐考驗騎射未將文進
士慶廉殘廢斥駮褫職仍罰俸十八年卒
詔給治喪銀三百兩照都統例議卹
賜祭葬如故事謚曰剛恪子二薩炳阿二等侍衛兼公中佐
領西朗阿侍衛
傳陞初名川陞姓郎佳氏吉林人隸滿洲正白旗乾
隆五十二年洊任侍衛壽扈
駕秋獮坐事降藍翎侍衛五十七年從征廓爾喀有功復任

如故六十年
命在乾清門行走嘉慶四年川陜楚三省教匪未靖
命與侍衛春凝馳詣經略大臣額勒登保軍營協剿川匪其
冬白號解大川苟文明竄通江大軍躡擊至雞公梁
分三路合擊額勒登保自當中路令與副都統衔格
布舍以步騎分由左右仍設伏要之既戰賊敗入伏
益大潰逐北數十里俘獲甚夥明年擊白號張天倫
於甯羌二郎壩溝及五郎連敗之天倫竄雒南兩岔
河我軍分道追擊賊恃衆反拒格布舍陷陳賊持矛
刺之墜傳陞槍殪持矛賊援格布舍出賊數騎來追

悉殪之馬上我軍乘焉殲賊無算

詔嘉之超擢頭等侍衛

賜號呼嵩額巴圖魯其夏藍號賊目劉允荼擾洵陽大中溪設伏與戰陳斬允荼黄號龎洪勝伍金柱據手攀崖額勒登保督兵進擊率所部爲軍鋒次桐木溝遇賊鏖戰久之大軍至賊東走追敗之大小銅錢窖復躡之漢陰石板溝斬洪勝時白號賊目據漢陰七盤溝而分扼左右山梁因督所部下溝出不意直登左山梁高處且登且擊賊不支遂潰右山梁見之亦潰尋殪閔甲於洋縣茅坪六年白號賊目高三馬五合黄

號王廷詔竄西鄉設伏舊州鋪左右賊出伏發大敗之俘斬甚夥被

優賚尋擊賊西鄉賊棄馬越山遁我軍亦棄馬逐之多所斬馘連偕提督楊遇春擊賊川陝交界之鞍子溝獲廷詔擊寗羌獲高三馬五並其孥累擢正黃旗蒙古副都統兼公中佐領

賜改今名二十一年以病乞休明年卒

努三姓瓜勒佳氏吉林人隸滿洲正黃旗初由藍翎侍衛累擢頭等侍衛乾隆十年

命在御前行走明年四川總督慶復討下瞻對土酋班滾

命赴慶復軍旣而慶復疏班滾已斃十二年張廣泗繼督四
川疏班滾見在如郎
詔治慶復罪努三隨同具奏鐫所加級十四年授鑲白旗副
都統遷正藍旗護軍統領十八年偕湖廣總督永常
赴安西籌邊防明年留駐鄂爾坤軍營降準噶爾宰
桑一都爾伯特台吉策凌闌入卡倫
命爲參贊大臣與散秩大臣薩喇勒會將軍成袞扎布分路
查緝時準噶爾烏梁海宰桑赤倫據吹地偕貝勒青滾雜
卜台吉班珠爾分兵往擒之所獲甚夥二十年
高宗以收服扎哈沁未將逃犯巴朗擒獲與護軍烏勒登遇

事推諉

命定北將軍班第定邊左副將軍阿睦爾撒納及參贊大臣策楞協理北路軍務侍郎兆惠查奏坐應斬監候

詔二人收服烏梁海扎哈沁有功免其治罪以閒散留軍自效尋授藍翎侍衛在嚮導章京上行走明年畀擢頭等侍衛偕左都御史何國宗往伊犂測量度數並繪地圖二十二年坐送兵赴巴里坤至嘉峪關即疏請回京降藍翎侍衛旋以招撫巴爾達穆特各鄂拓克人衆復畀擢頭等侍衛明年撤兵至烏隆古聞哈薩克錫喇之得木齊達什扎卜等匿博爾托輝偕副都統順

德訥往勦並擒盜巴里坤馬之庫魯特宰桑摩羅等
於拜塔克收服根敦扎卜達什扎卜丁壯二百餘以
功授鑲藍旗護軍統領
命經理巴里坤屯田疏言自穆壘至烏魯木齊有昌吉羅克
倫可耕地十六處令屯兵輪種
詔選內地綠營兵七千往屯尋添派三千又疏偵勦瑪哈沁
於博羅托海收其馬匹
賜幣二十四年兆惠被遮於黑水隨定邊左副將軍富德往
援至呼爾璊分兩翼進擊賊敗遁仍前邀之遂至兆
惠營告援軍至復以駝馬迎兆惠餘眾與副都統鄂

博什爲殿囘駐阿克蘇授騎都尉世職奉
命赴烏魯木齊經理哈薩克貿易沿途查勘屯田捜捕瑪哈
沁賊衆疏言烏魯木齊見屯兵一千再留凱旋兵五千於
特訥格爾昌吉羅克倫分地墾種明年穫糧卽運供
伊犂口糧籽種
從之又疏擒瑪哈沁訥克依等辭
命兼管烏魯木齊屯田事明年凱旋
高宗御豐澤園張幄宴將軍兆惠富德以下努三與焉
賜銀幣署正黃旗滿洲副都統授右翼前鋒統領二十七年
擢鑲藍旗蒙古都統兼上駟院卿

命在阿哥總諳達上行走累授領侍衛內大臣御前大臣

命紫禁城騎馬調正藍旗滿洲都統四十三年卒

命故秩大臣等奠茶酒

賜祭葬如故事謚曰恪靖子依什策楞襲世職

富永姓薩克達氏吉林人隸滿洲鑲藍旗父哲森保

副都統銜頭等侍衛乾隆五十七年從征廓爾喀中

槍傷卒

卹贈騎都尉世職富永亦從征廓爾喀攻取濟嚨官寨復由

噶多普進攻東覺山梁克之亦中槍傷累功授侍衛

襲騎都尉世職五十八年

詔哲森保在軍受傷身故朕用憫惻其子富永亦於軍前受
傷可加恩授二等侍衛以示軫卹尋以創發回吉林調理
嘉慶五年起供職九年授護軍參領十五年遷前鋒
參領以從
幸木蘭善用鳥槍擢頭等侍衛
命在乾清門行走坐進班曠誤降三等侍衛退出乾清門十
八年復
命在乾清門行走遷二等侍衛授伊犂領隊大臣以緝盜功
加副都統銜二十一年回京尋授正藍旗漢軍副都
統二十五年署正紅旗護軍統領調正白旗蒙古副

都統兼管虎槍處道光二年出爲熊岳副都統四年

護送

仁宗睿皇帝實錄

聖訓赴

盛京尊藏禮成

命議叙七年授鑲黄旗蒙古副都統十二年署正藍旗護軍

統領以年老乞休

詔食全俸明年卒子四烏爾袞泰副護軍參領烏什杭阿委

護軍參領霍隆阿侍衛音德布福建福州城守營副

將孫常連襲騎都尉世職官二等侍衛

吉林通志卷一百七

人物志三十六　國朝二十一

薩克丹布　倭楞泰

安楚拉　金保

圖明阿　春升保

永海　德海

烏爾德善　阿勒罕保　額勒登額

穆克登保　和福

巴清德　圖欽　那桑阿

伊勒通阿　吉勒通阿　壽昌　烏淩額　德成額

託雲保　　富春

托雲

薩克丹布姓鈕祜祿氏以吉林新滿洲隸正白旗乾隆四十九年隨尚書福康安征石峯堡逆回隸領侍衛內大臣海蘭察賊據底店山梁槍斃執旗賊目於馬上餘遂驚潰擢藍翎侍衛五十二年海蘭察以參贊大臣討臺灣林爽文仍從往賊據八卦山伏賊百餘山下竹圍中我前行僅二十八賊遽出截馳斬一賊於是爭乘之多所俘馘進攻中林斗六門並克

賜號伯奇圖巴圖魯事平擢侍衛圖形

紫光閣

命詞臣爲之贊曰率眾攻堅奮擒驍悍毀柵截途殺賊無算

火燄騰山力窮鼠竄潰彼蟻封賚爾勇幹嘉慶元年隨護

軍統領德楞泰征湖南逆苗石柳鄧奪全壁嶺克廖

貢坡馬鞍山並有功遷二等侍衛魚坡之麓名石隆

柳鄧所巢寨落甚夥隨都統額勒登保乘夜深入賊

眾以死禦卒不支陳斬柳鄧苗疆平遷頭等侍衛明

年移征川陝楚三省教匪隨額勒登保擊賊蜈蚣山

敗之進殲芭葉山賊歷戰紅土溪山嶺石柱嶺打子

臺天花坪雞公嶺銅鼓包並捷斬獲甚夥而大金坪

松林懷抱窩山梁之戰陳擒賊林士偉等數十人斬百餘級尋追擊賊自爛泥渡窟圍子嶺及蓼葉村者殲賊五百有奇四年以病乞休十年

詔薩克丹布前在軍多立戰功茲聞病勢益增賞給副都統銜冀藥聞朕旨速愈其疾尋卒

賜祭葬如故事子格布舍累官甘肅寧夏將軍

倭楞泰姓赫舍里氏吉林人隸滿洲鑲藍旗嘉慶二年川陝楚三省教匪不靖隨副都統賽沖阿剿川匪明年授軍營委筆帖式四年藍號蕭占國張長庚等自閬中回竄營山大軍逆擊於黄土牆斬級四百餘

賊竄據譚家山先衆登山梁短兵接陳斬占國長庚殲賊八百獲賊目王家光等八百餘人白號冷天祿屯悅來場我軍乘勝自間道冒雨襲攻之逐北至石頭堰殪天祿俘馘甚夥

賞藍翎尋隨參贊大臣額勒登保擊青號徐天德於修基壩賊竄鄧家山我軍三路圍勦多所斬獲六年襄陽賊首任懷志就擒累擢佐領二十一年遷協領道光三年任德州城守尉尋擢吉林副都統

賞換花翎明年疏陳蔘務將熟悉採蔘刨夫照舊規留山過冬令尋覓培養供官蔘之額其挑賸者即賞給刨夫

以資鼓勵五年疏陳雙城堡距阿勒楚喀百有十里距多歡九十里文移既增兵丁疲於步送請增設一站其牛馬草豆銀兩酌於南北三十八站內融支

詔並如議其冬以建造移駐京旗房屋劾佐領訥音登阿砍木遲延因條上砍木章程以示懲勸從之六年疏請撥甯古塔防禦四員於拉林並即拉林領催以下挑選關防辦事無品級筆帖式二員

詔如所請尋坐失察所屬報卡外流民戶口不實罰俸一年

秋逆回張格爾滋擾

命為領隊大臣率兵會勦明年春戰洋阿爾巴特既捷進攻

沙布都爾莊逐北數十里越日會攻阿瓦巴特回莊賊阻岡爲陳大軍分兩翼進賊佯退復前卒力擊敗之陳獲二千有奇斬級二萬殪賊目阿瓦子邁瑪底那爾巴特阿渾二人乘勝攻喀什噶爾復其城張格爾先遁斬賊目託和卓等十餘人八年凱旋回任明年疏言雙城堡移駐京旗地畝較少請於原定移駐京旗三千戶改爲千戶以所餘二千戶地畝增給之每戶地可十五晌至本地旗丁三千戶授田亦少每戶酌增地八晌三畝五分

詔如議尋疏吉林蔓務疲憊請將減票歸公之票並出山票

內短放之票自道光八年始暫免抽收銀兩以蘇丁
力
俞之十五年坐爲佐領傅卿阿訐受變賣戳頭葠價銀四百
兩褫戍伊犁二十年用額魯特愛曼所屬界內塔錫
圖畢開墾地畝功竣在事有力
賜環尋卒子二貴昌協領貴明銀庫主事
安楚拉姓庫雅拉彥札氏吉林人隸滿洲正黃旗嘉
慶二年隨副都統賽沖阿勦教匪於四川四年擊賊
黃土牆追之譚家山陳斬藍號蕭占國張長庚事具
倭楞泰傳尋乘勝冒雨自間道擊白號冷天祿於悅

來埸逐北至廣安州之城頭堰殪天祿俘馘甚眾
賞藍翎其夏隨參贊大臣額勒登保攻白號張子聰於雲陽
縣之蒲家山克之子聰復糾賊目蕭焜與黃號樊人
傑龔建等合大軍連敗之寒水壩楊家山譚家壩多
所斬獲並有功而身亦被石傷累擢佐領十八年隨
副都統色爾袞勦李文成於滑縣大軍旣合圍文成
竄輝縣司寨據焉以圖牽綴復分兵圍之文成窮蹙
遂死餘賊悉就殲擒以功
賞換花翎尋遷協領道光六年隨揚威將軍長齡討逆回張
格爾戰阿瓦巴特回莊進復喀什噶爾城事具倭楞

賞副都統銜尋授寗夏副都統未幾以傷病乞休

詔食全俸終其身十年卒

奏傳

金保姓庚克勒氏吉林人隸滿洲鑲黃旗嘉慶二年隨副都統賽沖阿征陝西教匪時藍號張漢潮走平利之曾家壩我軍於東北山後要之多所斬獲黃號齊王氏姚之富竄川境追擊之黑虎廟箭碹賊目張世虎賊衆狂奔繖子坪周家壩躡擊連敗之其冬齊王氏之富竄據陝境羅村壩官軍分路進擊金保身先陷陳因大捷餘賊走黃官嶺將渡漢江大軍仍分

路夾擊殲賊踰千

賞藍翎明年駐營川陝邊界剿賊數有斬獲四年藍號蕭占國張長庚自閬州折擾營山逆擊於黃土牆譚家山陳斬占國長庚殲賊六千乘勝攻白號冷天祿於岳池天祿敗走廣安州追及之俘斬無算殪天祿

賜號伊勒達穆巴圖魯六年白號高三馬五竄陝之鐵鎖關擊獲之明年白號苟文明自平安寨折竄秦嶺追敗之福安寨斬僞先鋒苟文清俘馘百數十文明竄龔家灣躡獲逆屬秋文明就擒花石崖累擢二等侍衛尋剿餘匪於鼈鍋子山殪賊目張芳吳廷召等八年

凱旋尋授前鋒參領十八年隨直隸總督温承惠討滑縣教匪自輝縣進攻道口賊方造橋西渡擊之毁其橋大破賊衆冬抵滑縣擊敗桃源援賊掘地道實以火藥藥發城裂拔之加副都統銜陜之南山木廠停工役者乏食遂倡亂隨提督楊遇春勦之敗賊三元壩斬級百餘賊竄黄官嶺將入川率騎兵要擊逐北至堦州俘斬千四百有奇二十一年授伊犂領隊大臣二十五年

詔還授鑲黄旗漢軍副都統調鑲藍旗蒙古副都統道光二年署鑲白旗護軍統領明年以病乞休

詔食全俸終其身九年卒

圖朋阿姓杭阿塔氏隸蒙古正黄旗世居吉林嘉慶二年隨副都統賽沖阿征陜西教匪時黄號王廷詔合藍號張漢潮竄平利之曾家壩我軍襲之而先伏峽口以待賊驚入伏俘馘甚夥其冬自鐵鎖關躡賊至羅村壩擊敗之餘賊由二郎壩折竄漢中我軍躡而勦焉殲賊盈千明年擊賊洋縣王家山獲劉有才等二百餘人白號高均德竄川境躡擊之數有斬獲連克張家寨石橋河斬級二百以功累官防禦再遷至協領道光十一年擢西安副都統明年疏言西安

滿洲營出征回疆無著駝隻請照甘肅採買駝隻價
銀每隻賠銀二十兩分二年於兵餉內扣還
詔分八年以示體卹十三年與將軍桓格合陳籌議買補倒
斃馬匹章程略言西安滿洲兵月給餉銀並米折銀
八三兩四錢又津貼草豆折價銀八約六七錢請每
月八存銀三錢計一年各存銀三兩六錢以備隨時
買補倒斃馬匹之需年終覈計自賠補馬價購買草
豆外所餘仍分給各兵庶馬政兵力兩有裨益
詔如所議行明年卒子慶玉驍騎校
春升保姓努葉勒氏吉林八隸滿洲鑲黃旗嘉慶二

年隨副都統賽沖阿勦陝西教匪冬賊自黃官嶺偷渡漢江我軍馳擊斬級千餘餘賊潰竄躡勦之復多斬獲

賞藍翎明年夏白號高均德自鐵鎖關走川境大軍追擊數有俘馘賊奔渠縣大神山與藍號冉文儔合官軍三路攻克之秋青號徐天德白號羅其清結黃號樊人傑擾營山縣之插旗山鳳凰寺進擊破之獲張貴等二百餘人斬千餘級賊竄箕山官軍追敗之又敗之蓼家碥斬級六百獲賊目郭彥榜等三十餘人五年戰江油新店子及達州土主河並捷明年躡白號高

二人陝擊之山陽縣乾溝賽沖阿箭中賊肩諸賊忿持長矛競進春升保力禦卻之仍乘勝追擊獲賊目龔如一僞元帥閻慎珍而身亦被創累擢防禦

賞換花翎再遷至協領兼公中佐領二十三年擢齊齊哈爾副都統道光二年疏言齊齊哈爾水災請將嘉慶二十五年被災借給接濟銀兩緩俟道光三年秋收後起扣以紓丁力

俞之先是黑龍江將軍奕顥等疏請於齊齊哈爾八旗甲兵內挑撥四百五十名歸火器營管轄

宣宗命詳察復奏疏言齊齊哈爾八旗額設甲兵二千一百

七十名春秋演放鳥槍於八旗挑撥操練事畢仍歸各旗當差若遽歸火器營管轄遇他差務不免顧此失彼謂宜仍遵成規認眞訓練於騎射外閒肄鳥槍以資簡閱

宣宗是之八年坐前黑龍江將軍祿成派兵不公及以私馬交站餵養變價近與同城未能據實奏劾降三級調用九年卒子台費音圖佐領

永海姓瓜爾佳氏吉林人隸滿洲正紅旗嘉慶二年川陝楚三省教匪未靖隨副都統賽沖阿赴剿會藍號張漢潮竄平利縣境我軍既連敗之又敗黃號齊

王氏姚之富於甯羌州明年破白號高均德於洋縣
及之富齊王氏竄死鄖西並有功五年隨參贊大臣
德楞泰入蜀至梓潼縣馬蹄岡破藍號冉天元賊衆
獲天元並僞總兵鮮其順
賞藍翎七年追擊黃號樊人傑於竹山縣覺之平卩河腦人
傑墜水死
賞換花翎累遷伯都訥及阿勒楚喀防禦十年擢伊通赫爾
蘇佐領十八年河南教匪李文成倡亂陷滑縣隨副
都統德英阿率吉林兵禦之衞輝數戰皆捷文成旋
竄據輝縣之司寨大軍攻拔之而吉林兵先登文成

死
賜號幹勇巴圖魯尋偕提督銜總兵楊芳追勦陝西南山以
禾廠停工倡亂之匪於沔縣疾馳至翦子河扼其入
川之路與副都統達斯呼勒岱遊擊萬彪分步騎夾
擊斬級五百餘逐北至塘子口陳斬賊目吳某餘多
解散明年賊渠龔貴就擒遷拉林協領道光三年擢
伯都訥副都統坐前於拉林移用庫銀及所屬浮報
義倉工程罷子庚音阿勒楚喀佐領

德海姓富察氏阿勒楚喀人隸滿洲鑲黃旗嘉慶四
年調赴四川隨經略大臣額勒登保勦教匪以滅藍

號張漢潮功
賞藍翎尋授防禦十八年河南教匪李文成陷滑縣官軍圍
之文成竄據輝縣之司寨隨總兵楊芳攻拔之文成
死功多
賜號藝勇巴圖魯從克滑縣旋調赴陝西剿南山餘匪事平
累擢三姓協領道光四年調雙城堡協領坐前於三
姓增給兵丁鹽菜銀兩革職留任尋擢阿勒楚喀副
都統明年調黑龍江副都統六年逆回張格爾倡亂
命與參贊大臣武隆阿統滿兵往會大軍協勦師至阿爾巴
特莊賊憑沙岡以拒官軍分三路而德海與武隆阿

攻其右大敗之斬級盈萬獲三千有奇他軍實無算

師進沙布都爾莊賊衆十餘萬臨渠而陳冒險持短

兵越渠搏戰且戰且進進逼渾水河賊鳧水遁逐北

三十餘里俘馘無算乘勝進喀什噶爾張格爾先遁

以所部克漢城據北面與諸軍鬬攻復其城十年以

病乞休道卒於莫爾根城功未及敘也子富森協領

烏爾德善姓甯古塔氏吉林人隸滿洲鑲藍旗嘉慶

初隨征川陝楚三省教匪戰比有功

賜銀幣十一年隨參贊大臣德楞泰戰山西以功累擢阿勒

楚喀防禦調三姓二十一年擢吉林正藍旗佐領調

三姓鑲黃旗二十三年

駕幸盛京較射中靶被

賜道光六年隨揚威將軍長齡討逆回張格爾復喀什噶爾

城有功

賜銀幣明年遷本旗協領尋調三姓十八年擢甯古塔副都

統坐吉林將軍祥康攤扣官兵俸餉賫駐京人員未

嘗阻止鐫四級調用

詔革職留任二十二年

駕幸木蘭以演圍中靶者四

賜銀幣復於巴彥西諾圍場射鹿獲之

賞戴花翎二十七年致仕
詔食全俸終其身咸豐三年卒子二色繃額驍騎校罕章阿
侍衛
阿勒罕保姓鈕祜祿氏吉林人隸滿洲正白旗嘉慶
二年隨副都統賽沖阿征川陝楚三省教匪戰竹葉
關克露風坪禦賊五郎廟並有功明年擊賊黃壩驛
進攻東家坪又敗賊三岔河尋自秦嶺繞出華州邀
賊賊大潰克華陽壩進大神山遇賊敗之賊竄風銅
鋪躡擊殆盡以功
賞藍翎累擢侍衛十八年直隸長垣教匪擾及豫東

命直隸總督温承惠爲欽差大臣勦之疏請阿勒罕保隨往

尋以逆匪擅入

禁城

命暫留京師協捕事平遷二等侍衛赴軍旣至新寨率精鋭

直擣賊巢多所斬獲冬進攻道口賊出拒而桃源援

賊復至分兵擊之並潰擢頭等侍衛在

乾清門行走進攻滑縣會諸軍拔之獲賊目徐安國俘

斬萬數事平加副都統銜坐回京携帶幼孩鐫四級

調用

詔改留任仍在乾清門行走二十年授鑲藍旗蒙古副都統

明年

駕幸圓明園途有逸馬驚出

御前侍衛職在扈

蹕未即前截坐褫職

詔降頭等侍衛在大門上行走俄復在

乾清門行走加副都統銜充伊犂領隊大臣二十五年

授正藍旗蒙古副都統道光二年充十五善射六年

逆回張格爾倡亂以領隊大臣率黑龍江官兵赴軍

剿之明年遇賊洋阿爾巴特官軍分三路擊之殲賊

幾盡大軍戰沙布都爾莊以騎兵張兩翼涉渠抄擊

賊驚潰陳斬賊目色提巴爾弟佇蔵無算戰阿瓦巴
特同莊賊憑沙岡以拒又以騎兵由岡右襲之賊敗
斬賊目二殲賊三萬
賜號壯勇巴圖魯喀什噶爾城既復張格爾先遁而賊目愛
瑪爾阿里玉努斯等猶據和闐揚威將軍長齡檄往
勦之取道雜古牙爾遇賊昆拉滿分兵夾擊大敗之
和闐平復授伊犁領隊大臣長齡疏留冬偵知張格
爾奔喀爾鐵蓋山率軍自阿爾圖什蹕之賊棄馬登
山大軍窮追弗舍獲之山巔明年春賫捷奏馳報
京師

命在御前行走授正黄旗護軍統領圖形
紫光閣
御製贊曰索倫勁旅特命將之驍捷前鋒四城星馳火槍善
戰躡蹤窮追超出賊背國之熊羆九年調鑲藍旗滿洲副
都統以較射失儀革
御前侍衛仍在
乾清門行走秋扈
幸盛京坐有馬闌入布城鐫一級留任明年較射
宣宗臨閱中六矢仍
命在御前行走秋安集延回匪不靖隨大學士長齡赴新疆

察辦十一年回京坐失察馬甲兜莽阿教習鑄三級
留任十四年以年老退出
御前侍衛尋乞休未幾卒子崇連護軍藍翎長而前阿勒罕
保有額勒登額亦吉林人姓舒穆嚕氏隸滿洲正黃
旗乾隆二十三年以侍衛隨副將軍富德援將軍兆
惠於葉爾羌敗霍集占功最霍集占竄拔達克山索
之其汗素勒坦沙因函首以獻
賜號噶畢雅圖巴圖魯洊擢頭等侍衛鑲黃旗蒙古副都統
授騎都尉世職兼一雲騎尉圖形
紫光閣

御製贊曰軍門統事諸務勤宣亦能力戰突將無前入拔達山索逆回馘曉諭諸方是其偉績三十二年以參贊大臣偕將軍明瑞征緬甸分道進明瑞殉木果木坐逼留見法

穆克登保姓富察氏吉林人隸滿洲正白旗父靈泰烏魯木齊領隊大臣嘉慶十一年

駕幸木蘭穆克登保從會陝西甯陝鎮新兵叛

欽差大臣德楞泰疏請簡隨圍弁兵赴陝西備調遣因隨護軍統領溫春進至好古堆我軍分三路環賊攻之賊敗躡以進又賊三千餘來戰勢頗張力擊之賊目蒲

大芳中創遁逐北至拐里賊分屯四山官軍扼方柴

關擒僞先鋒彭貴賊益氣奪因招之大芳降縛獻陳

達順陳先倫向貴三首逆磔軍前以功授親軍藍翎

長道光五年累擢護軍參領十年逆回博巴克糾浩

罕入卡圍喀什噶爾英吉沙爾城大學士長齡以

欽差大臣視師穆克登保隨往旣蔵事以功擢司鑰長尋以

副將揀發湖南補常德城守協副將十七年擢廣東

南韶連鎮總兵調陝西西甯鎮總兵二十年卒

和福姓庫雅拉亭奇勤氏吉林人隷滿洲正白旗嘉

慶十三年從

幸木蘭行秋獮射生多所獲

賞戴花翎十六年累擢協領又二年河南教匪陷滑縣偕副

都統德英阿赴軍協勦時賊首李文成自滑縣竄據輝

縣司寨官軍設伏白土岡山坳誘與戰賊恃衆直前

既入伏大軍夾擊斬馘甚衆賊敗歸寨不復出進圍

之舉火且焚且攻殪賊目劉國明文成死凱旋加副

都統銜二十一年擢

盛京副都統明年與將軍富俊疏言復州等處被災旗

民應領續賑米石各倉缺額不敷支放請以銀米兼

放

俞之二十三年疏言大淩河馬廠試墾地畝磽薄居多若照

旗租之例升科勢必拮据請照養息牧試墾地畝例

每畝徵租銀四分以紓丁力如所請行秋

駕幸盛京坐馬闕橋瓦子峪

蹕路未能督率修整降金州城守尉尋又坐副都統任内通

判常山丁憂未令回旗仍奏署

興京通判鐫三級調用富俊疏留

詔改調用爲留任未幾遷協領擢伯都訥副都統尋調甯古

塔副都統道光十年疏言蔘務請將減票歸公之票

照吉林例九年爲始暫免抽收銀兩蘇刨夫之力如

所請行明年調甯夏副都統十二年調熊岳副都統

其冬疏劾蓋州防守禦焦成及蓋平縣知縣張攀桂

等查辦夷船不力降黜有差而已亦坐失察罣吏議

明年以病乞休

允之十九年卒子四文恒防禦開明阿喀什噶爾辦事大臣

杜恒協領多恒佐領孫四承惠佐領承湛筆帖式承

英襲雲騎尉承緒領催

巴清德姓額扎特氏吉林人隸滿洲正黃旗嘉慶十

八年隨副都統德英阿剿教匪李文成於河南時文

成陷滑縣復竄據輝縣司寨

欽差大臣那彥成㩁德英阿率吉林騎兵自新鄉會攻既克司寨文成死進克滑縣獲賊目牛亮臣巴清德並有功

賞藍翎尋擢藍翎侍衛道光元年遷侍衛在乾清門行走充十五善射四年造辦處玻璃庫災救之甚力

賜物六年授公中佐領尋擢二等侍衛奉命隨山東巡撫武隆阿剿匪臺灣事平復隨赴回疆明年逆回張格爾既釁於沙布都爾莊復糾衆十數萬據阿瓦巴特回莊官軍分三路進與侍衛哈郎阿繞莊後

襲之賊大潰俘馘甚夥逐北至洋達瑪河濱河回莊

逆匪𢯎剿殆盡

賜號襄勇巴圖魯進復喀什噶爾城張格爾先遁獲其孥及

安集延賊目推立汗擺頭等侍衛圖形

紫光閣

御製贊曰親簡勇壯命赴軍營長軀赤面弓馬純精兼嫺火

器屢立功名御前特擢望汝干城十年回疆復擾

命偕侍衛舒凌阿赴軍事定留辦屯田十二年隨

欽差大臣瑚松額剿匪臺灣嘉義縣首逆尋就獲回京十五

年授鑲白旗蒙古副都統明年充國什哈諳達授鑲

藍旗護軍統領
圓明園災以力救加二級歷調鑲黃旗滿洲副都統正
藍旗正白旗護軍統領管理健鋭營神機營火器營
事務二十一年英夷不靖海疆戒嚴
命偕御前大臣科爾沁郡王僧格林沁工部尚書賽尚阿赴
天津防堵明年夷擾江蘇復
命率蒙古騎兵駐新城秋還京坐火藥局災失察被議二十
四年署右翼前鋒統領明年坐兩翼兵槍箭生疏鐫
二級留任夏
紫禁城災救甚力加一級二十六年即眞尋轉左翼前

鋒統領三十年擢鑲黃旗蒙古都統署正藍旗滿洲都統咸豐元年署行營正黃旗領侍衛內大臣粵匪洪秀全等倡亂

命偕

欽差大臣大學士賽尙阿馳往辦賊夏疏陳汰兵勇明紀律購間諜散賊黨斷接濟行團練各條得

旨所籌甚合機宜

賞穿黃馬褂時賊據紫荆山後負豬仔峽雙髻山之險而前以新墟爲門戸秋與提督向榮由中路擣豬仔峽克之進攻雙髻山率勁卒攀巖上賊不能禦遂潰逐北

三十餘里多所斬馘被
優賚大軍攻克風門坳隘口遂圍新墟而巴清德與向榮趨
古林社復緣河以進賊傾巢出戰擊之卻賊因分據
山梁仰攻之斬三十餘級殪賊目一賊自焚其巢出
藤縣和平墟逸去尋陷永安州
命摘去頂翎復以賚尙阿劾其頓兵遷延
詔褫職留營自效大軍攻永安與提督劉長清進自北路燬
龍眼潭馬背嶺賊巢俄卒於軍
詔復都統
賜銀三百兩治喪

賜祭葬
予謚果毅方疾已劇時時橫刀起大呼殺賊及革有茗盂覆以紙兩手牢握之笑曰我擒洪逆矣子二倭什洪額侍衛倭興額二品廕生粵逆起金田塞其涓涓一旦吏事耳不肖者尸焉遂致滄海橫流竭天下力僅乃砥之而所戕生靈百千萬計矣人有恆言曰官逼民反夫民何樂而反官州縣暨有進退州縣權者其念哉而嘗與巴清德同隸
欽差大臣那彥成轉戰河南山西均有功者曰圖欽姓關氏亦吉林人隸滿洲正紅旗嘉慶二十三年以襲雲騎

尉世職歷防禦佐領道光九年擢琿春協領坐開公倉放糧未俟部文奪俸咸豐三年擢三姓副都統九年卒子四德祥佐領德海護軍校德昌協領德壽驍騎校孫三善福前鋒校明安頭等侍衛明林侍衛

那桑阿姓鈕祜祿氏吉林人隸滿洲正白旗嘉慶二十一年以藍翎侍衛在大門上行走較射中五矢授侍衛二十五年擢二等侍衛在乾清門行走道光元年擢頭等侍衛六年逆回張格爾犯順揚威將軍長齡檄調伊犁兵赴援於是伊犁領

隊大臣皆出

宣宗簡侍衛三人爲領隊大臣馳赴伊犂那桑阿與焉長齡疏調從征明年戰洋阿爾巴特我軍分三路率健銳火器二營兵爲右翼賊自沙岡下壓擊之殪賊數百仍還據沙岡我軍冒鋒刃疾進賊大潰逐北三十餘里復躡擊至排子巴特多所斬馘獲賊目五邁曼底阿渾尤張格爾所親任藏有糾結賊黨書長齡上其功被

優賚進復喀什噶爾城加副都統銜授英吉沙爾領隊大臣賞戴花翎明年率步騎八千會長齡於阿爾圖什追剿張格

爾獲之喀爾鐵蓋山回疆平那桑阿以英吉沙爾地
衝要雖有參贊經理而專城之責在領隊大臣既不
識文字懼難勝任請
欽差大臣那彦成代陳改烏什幫辦大臣尋
詔還京
命仍在乾清門行走十二年授鑲黄旗蒙古副都統歷伊犁
及庫爾喀拉烏蘇領隊大臣復調伊犁十七年還京
二十二年從獵圍河
賞穿黄馬褂其夏英夷擾江蘇
命工部尚書賽尚阿爲

欽差大臣督辦天津海防復以蒙古馬隊必得通曉語言者
為之率
命那桑阿偕往言事許並列銜仍
賜衣二襲解嚴回京二十六年
詔年逾六旬但管旗務毋庸在乾清門行走明年病卒子雙
喜雲麾使公中佐領
伊勒通阿姓伊爾根覺羅氏吉林人隸滿洲鑲藍旗
嘉慶十八年從征河南教匪李文成有功任防禦二
十二年從
幸木蘭秋獮較射中矢多及行圍獲麅鹿

賜銀幣尋擢佐領道光四年擢阿勒楚喀協領六年隨揚威

將軍長齡討逆回張格爾戰洋阿爾巴特我軍分三

路參贊大臣楊遇春居左武隆阿居右伊勒通阿與

副都統吉勒通阿隨長齡進中路而三路之軍仍各

張兩翼破賊二萬餘逐北數十里至排子巴特再擊

之斬級甚夥獲賊目邁曼底阿渾等

賜號沙罕巴圖魯進戰沙布都爾回莊仍分三路長齡等督

步軍居中先嘗賊吉勒通阿以騎兵繼之而伊勒通

阿與武隆阿分左右橫貫賊陳賊亂遂大潰躡逼至

渾水河殲之殆盡遂由阿瓦巴特長驅喀什噶爾城

張格爾先遁城復獲其孥及安集延大酋推立汗薩
木汗等
賞戴花翎其冬張格爾復糾布魯特賊衆自開齊山趨阿爾
圖什回莊黑帽回遮截之乃退我軍追及於喀爾鐵
蓋山偕吉勒通阿以騎兵繞登山後與諸軍夾擊獲
焉加副都統銜圖形
紫光閣
御製贊曰踴躍用兵河南滑縣茲統三軍獨當一面出陳先
驅披堅督戰卡外山前臨機應變擢甯夏副都統護理將
軍尋以回疆復擾隨長齡出關會事平回任明年調

甯古塔副都統十八年親老乞終養服闋起授正藍
旗蒙古副都統改三姓副都統坐扣兵餉貲住京官
革職留任咸豐二年粤匪擾湖北率兵赴河南信陽
州隨
欽差大臣琦善禦賊尋援江南戰比有功明年卒於軍
賜祭葬如故事蔭一子六品官子二花尚阿佐領祥玉藍翎
侍衞以孫蔭哩哈承蔭吉勒通阿官副都統
賜號薩奇克起巴圖魯與剛安巴圖魯協領壽昌博啟巴圖
魯佐領烏淩額蘇彰阿巴圖魯佐領德成額並吉林
人以回疆功圖形

紫光閣事並未詳

託雲保姓額哲特氏吉林人隸滿洲正黃旗嘉慶十八年從征河南教匪以功授藍翎長道光七年回疆平隨

欽差大臣那彥成往辦善後事宜歷擢護軍參領充虎槍長及諳達三十年擢頭等侍衞在

乾清門行走充壓馬大臣授上駟院卿咸豐元年擢正紅旗漢軍副都統明年

文宗自

慕陵旋

蹕中途乘馬蹶坐平日騎壓不慎被吏議三年粤逆洪秀全等陷江南會城奉

命率吉林兵二千赴大軍剿之賊擾河南往援道出延津縣所部擾民間牲畜傷人爲

欽差大臣直隸總督訥爾經額所劾鐫三級調用仍留營秋賊渡河北攻懷慶府甚急我援軍營丹河鋪迤南季村以騎兵與會戰於城下焚環城賊壘多所斬馘賊竄濟源縣而設伏風門山口前軍追賊入伏督所部馳救槍殪賊目賊驚靡擒斬大半别賊闌入山西陷平陽府據之

欽差大臣都統勝保劾追截不力
命摘頂翎賊尋竄直隷據靜海縣及獨流鎮隨勝保自深州
疾馳至獨流鎮連戰皆勝
賞還頂翎大軍營葡萄窪逼攻獨流鎮靜海賊來援分兵擊
之斬級五百有奇賊勢益蹙會以病回旗四年秋病
痊仍赴勝保軍冬授正藍旗蒙古副都統於是賊竄
山東陷高唐州據之勝保移師圍攻數月未下明年
春勝保以老軍被逮賊尋自高唐竄據馮官屯隨參
贊大臣科爾沁親王僧格林沁破之俘賊渠李開芳
賞換花翎調正紅旗蒙古副都統還京

命在御前侍衛上行走授奉宸院卿冬擢甯夏將軍先是道
光二十二年甯夏兵每歲添演秋圍將軍與副都統
番卒至賀蘭山肄馬上鳥槍及諸技著爲令西安甯
夏官兵一律添演秋圍借副都統疏言甯夏駐防官
行圍錢糧官借官償兵借兵償視綏遠城以卡倫房
租作公項給發者不同見餉項不足兵力亦艱若復
加行圍給項不特不能清償且累上加累請俟協餉
充裕照例演習
詔如所請八年以病乞休
允之明年卒

富春姓韓氏隸蒙古鑲紅旗吉林駐防道光七年從
攻回疆喀什噶爾城先登
賞藍翎十四年洊擢協領二十一年擢黑龍江副都統時英
夷肆擾以所部防守錦州之高橋被
優賚二十四年傳習邪教海康之女於黑龍江配所潛逃坐
革職留任尋以非副都統所管轄
詔免議明年入
覲
賞換花翎二十六年以病請罷咸豐二年粵逆陷湖北武昌
命吉林將軍調兵往防楚豫之交時富春病痊請赴軍自效

詔如所請明年賊陷江南會城督兵於六合縣境禦賊數有
功授甯古塔副都統仍留軍六年賊陷揚州我軍進
攻有賊來自西北甚衆將襲我營偕總管西昌阿分
道禦之戰七里店既捷合軍躡擊至黃家莊獲賊目
五長髮賊六十有奇斬千餘級
賞頭品頂戴大軍復揚州以所部伏截竄賊殲斃無算
賜號伊伯德恩巴圖魯八年春江甯賊渡江拔江浦合烏江
據賊營石磧橋江浦賊千餘出應大軍擊拔賊敗之
平其壘獨率所部禦城賊戰於濠邊斬百餘級和州
復烏江芝蔴河等賊將遁分路要擊俘馘及溺江以

斃者甚夥其夏皖賊下援江甯趨江浦糾捻逆會大劉莊與大軍分路攻之會大雨如注乘勢猛進賊不支狂奔自相踐蹋死者甚眾秋戰江浦被創養傷邵伯鎮

欽差大臣德興阿以

聞

詔富春創不甚重輒自離營以年邁且著有勞績免予治罪因罷職九年卒於家富春雖終斥要猶經戰陳非但具官養如托雲也

托雲姓彥扎氏吉林人隸滿洲正黃旗道光二十六

年以藍翎侍衛在
乾清門行走從
謁
東陵授侍衛
賞穿黄馬褂咸豐三年洊擢頭等侍衛四年
文宗閲馬射中六矢
命在御前侍衛上行走授正藍旗蒙古副都統八年署正白
旗護軍統領尋
命進
圓明園班管理

御槍處事務署鑲藍旗護軍統領
文宗閲八旗槍操以平日悉心訓練被
獎即眞歷署鑲藍旗漢軍鑲紅旗滿洲及漢軍各副都統同
治元年授正藍旗護軍統領三年調正白旗
命兼管火器營事務明年擢右翼前鋒統領調正紅旗滿洲
副都統丁母憂尋以神機營操務有勞被
獎十年歷充左翼監督授鑾儀衛鑾儀使署正白旗蒙古副
都統光緒元年神機營疏保出力
賞都統銜歷署正紅旗正藍旗滿洲副都統授左翼前鋒
統領

命紫禁城騎馬擢正紅旗蒙古都統坐薦舉營總文忠護
軍校國春卓異御史鄧慶麟言文忠貪婪狀得實應
鐫二級調用
詔改降四級留任明年以病乞休尋卒
賜祭葬如例子阿克占工部郎中

吉林通志卷一百八

人物志三十七　國朝二十二

關保　安圖

貴陞　德英

伊興額　金順

花哩雅春　德昌

德玉

關保姓烏扎拉氏吉林人隸滿洲正黃旗道光六年及十年再從征回疆有功二十三年歷擢三姓佐領咸豐三年隨侍郎恩華剿粵逆戰河南懷慶府山西

平陽府並捷還屯保定

欽差大臣勝保檄充營總率所部剿深州靜海餘賊還攻獨

流鎮功多擢協領

賞戴花翎明年隨參贊大臣科爾沁郡王僧格林沁自獨流

鎮躡賊至阜城三里莊賊首林鳳翔反戰額中槍丸

裹創進賊不支逐北四十餘里

賜號年昌阿巴圖魯五年調赴安徽會大軍克廬州加二品銜

明年隨江南提督和春剿五河踞賊以所部分伏道

左賊出夾擊之賊驚竄多所斬馘尋偕副都統麟端

以騎兵薄賊壘賊三千餘繞襲我後先諸軍馳陷其

步騎萬餘陷泗州踞草溝民寨北築一圩爲犄角合民圍進奪圩外礮臺燬其圩寨賊出不意大驚則開東南門分竄自相踐蹋死濠閒纍纍其逸出者躡擊之尸積數十里沱水爲不流至五河雙渡口餘賊方奪船爭渡我騎然槍排擊復殪大半斬馘外獲長髮賊渠張起等三百有奇及軍實甚夥

詔以副都統記名時徐州鎭總兵傅振邦督辦三省勦匪事宜

命爲幫辦攻逆首任乾於畢圩未至適捻逆張天福敗竄澮水擊斬之師進任乾突走不得反入圩乘勢壓攻圩

民內應斬乾殲其黨千餘無脫者夏

文宗罷副都統伊精阿河南防軍

命接統之督辦河南勦匪事宜仍爲傅振邦幫辦尋授黑龍江副都統秋捻逆犯亳州遣將敗之時逆首孫葵心聚黨於永城分起齊出

詔江蘇豐碭等處賊勢將蔓延未可更令闌入山東邊境宜督參將承惠等截賊西路逼之歸巢既而葵心分擾商邱柘城圍睢州且至杞縣開封戒嚴

詔赴援俄承惠挫於亳州賊趨蘭儀分擾通許尉氏益近會城急自鹿邑馳抵陳留令諸軍夾擊偕巡撫瑛棨疏

聞

詔責徒事尾追著著落後未幾賊南走許州告警馳援之而

賊由臨潁趨舞陽復分緣郾城之洪河而西期於舞

陽復合令副將王鳳翔率騎兵馳扼洪河自以步軍

繼進鳳翔擊賊洪河北岸敗之明日賊攻臨潁督諸

軍戰城下有劇賊擁纛自其陳呼嘯出賊衆從之勢

張甚我軍殊死戰陳擒擁纛者葵心親屬孫套也賊

氣奪遂潰逐之並敗其踵至者夜遣精騎劫賊營又

大破之拔難民千餘斬馘無算賊遂東奔偵別賊竄

扶溝太康要之王隆集復敗而奔於是南路餘捻還

巢北路亦三戰三捷河南肅清明年

命勝保督辦河南勦匪事宜闗保仍爲幫辦賊擾虞城夏邑

鹿邑遣將擊走之賊俄又大至逼近會城

詔詰闗保駐鹿邑何以未截擊致賊深入令勝保據實以聞

勝保疏陳河南鄰賊之處袤延千里無險可扼加兵

力單薄防務視他省尤難此次賊近開封闗保方歷

周家口至項城汝陽扼勦東路聞警卽由睢赴援忠

誠勇敢衆所共知復言其敗捻逆蔡溝追至槐店斗

門斃賊數千狀

詔奬之尋戰汝甯確山魏橋皆勝秋賊窺鹿邑旣設守仍遣

將破之劉集並解邱集之圍賊尋復糾眾來攻遣將
閒道出賊後與城中軍合擊賊大敗遁於是河南再
肅清尋以舊傷發
給假調理同治元年之任黑龍江八年卒
安圖姓伊爾根覺羅氏吉林人隸滿洲鑲紅旗咸豐
四年從征山東臨清州粵逆有功
賞藍翎移師湖北克漢陽八年賊自皖陷麻城黃安二縣隨
大軍攻復之又越境敗賊
賞換花翎歷擢防禦十一年克孝感擊賊德安復勝
賜號圖蘇克特伊巴圖魯擢甯古塔佐領冬攻下德安府城

以協領即補加副都統銜同治元年移師河南粵逆馬融時擁衆圍南陽勢張甚偕道員金國琛擊之白河蘆戰三時許斬馘甚多圍立解

詔以副都統記名安圖生平戰功是役爲最著國琛故楚軍名將數當劇賊會與之偕故功成不旋踵云明年秋亳州捻逆由河南闌入湖北鍾祥縣境並分竄京山之宋河復東擾應山逼縣城偕總兵梁洪勝截擊敗敗之殲賊無算

詔加都統銜調吉林佐領三年授拉林協領明年擢金州副都統

命之任十年雨傷稼鄉民以災報延不飭查致聚衆鬨於署

事寢上

聞

詔盛京將軍都興阿等察辦十一年都興阿等以實覆奏下

部議罷之尋卒

貴陞姓伊爾根覺羅氏吉林人隸滿洲正藍旗咸豐

三年從征粵逆明年至江南攻九洑州賊壘有功

賞藍翎六年戰葛塘集冒險奪賊巢被創八年破全椒江浦

交界大莊等處賊壘十年援金壇遇賊丹陽力戰被

創明年歷擢三姓佐領同治元年擊卻江皖悍賊者

再

賞換花翎三年江北肅清用揚防積年禦賊功以協領郎補

充吉林頭起委營總江寧會城克復加副都統銜調

赴甘肅寧夏勦回逆明年駐定邊擊賊黄河兩岸連

敗之

賜號呼敦巴圖魯五年授烏拉協領尋復寧夏靈州城及數

攻破賊卡

詔以副都統記名八年秋賊以大衆逼河逆戰府谷縣十里

長灘大破之河防解嚴

賞頭品頂戴未幾赴寧夏圍攻王家疃賊巢殞於礮

賜祭葬如故事謚謹武予騎都尉世職
詔祀京師及原籍昭忠祠死事所在建專祠靈柩回旗官爲
護送云
德英字潤堂姓何圖哩氏隸蒙古正藍旗世居吉林
城北沙河父尤成額謹厚嗜讀書步趨宋儒爲左翼
官學教習垂五十年學生頌之不置事繼母孝妻關
有懿行亦知書德英其長子也咸豐二年以附學生
委筆帖式從征粵逆戰江皖之交有功
賞藍翎五年戰江浦縣七年戰淮安徐州府境甚力
賞換花翎歷擢佐領明年隨

欽差大臣勝保勦北路捻逆破賊圩十餘以協領卽補九年以病乞回旗同治元年起授協領明年署阿勒楚喀副都統奉天昌圖廳盜犯王五糾眾劫略闌入吉林旣擊走之餘賊據通溝岡率軍殄除殆盡加副都統銜卽眞四年入

覲

命署吉林將軍有頃奉天遼陽州賊起官兵失利賊北走

詔吉林嚴防又以吉林伏莽甚多

詔並爲備當是時吉林各軍悉調東南討賊疏請神機營留演吉林騎兵百爲奉天所截留調回禦賊者再及請

詔並俟尚書文祥至奉天後商辦不得已乃練民團勸閭閻
徐州軍營所徹官兵馳回原省
捐資餉之賊渠劉果發尋竄出圍場據一拉溪岔路
河擾及旁近而王樂七馬傻子周榮暨各黨一時蠭
起山中諸匪尋聲響應之佐領保隆參領常德等先
後戰沒於是伊通長春雙城五常伯都訥拉林阿勒
楚喀無慮皆賊矣伊巴丹站道梗賊逼烏喇街去會
城裁七十里會城故土垣德英擁市人以守莫不危
之而其氣殊厲徒步雜士卒巡檄會劉果發周榮相
繼斬獲疏調留演出征軍皆回援文祥及署黑龍江

將軍寶善並奉

詔遣軍與蒙古郭爾羅斯兵以次至聲威既壯兼部發餉銀五萬兩士飽馬騰羣賊略就殄餘散走諸山中鬍子由是萌枿焉鬍子吉林以稱盜厥後邊防宿重兵時肆劫略不敢輒揭竿然有數十人連陷二城易剿而撫者日益滋甚民不聊生乃懸之著令獲鬍子五與彙保將領以下甘心焉有司鞫非實出之則譁爲賄縱於是歲誅千數百訖不少衰其放卡之兵首鼠兩端爲德於盜者間有而吉林地瘠早寒穫少一夫所受什古制猶羸中田而廬無守望之助故鬍子易逞

策之但去著令仿富俊屯堡其民詳宦迹本傳貧無籍者
部勒之使屯田邊界而已明年德英丁父憂百日孝
滿回阿勒楚喀本任部議褫職治陷屬城罪
穆宗以籌兵籌餉卒保會城改革職留任六年調吉林副都
統尋署黑龍江將軍明年春疏請緩呼蘭廳所屬巴
彥蘇蘇等處被災租賦及齊齊哈爾城墨爾根城旗
營屯站歉收請借給耔種口糧並
俞之八年夏
詔簡馬隊五百遴員率赴甯夏將軍穆圖善軍疏言治裝銀
貸自商人應由部撥款以償

詔如所請秋卽真十年以黑龍江附近蒙古荒地例禁開墾

杜爾伯特協理台吉那遜烏爾吉等擅行招墾止之

不聽而副管托蒙阿等復以努敏河北克音河南之

荒地擅請撥放分别劾罷之十二年疏陳飭紬請

飭部咨會各省協餉依限解清並補解歷年積欠及吉林黑

龍江山場荒地招墾後或窩藏匪盜現已編查戶口

以絶其源呼蘭等處雖禁止開墾仍有奸民土豪承

攬地畝轉售漁利等弊請

飭部定章示懲又黑龍江新設理事同知所轄遼闊人雜事

繁銓選之員經年始至請以此缺歸奉天揀發人員

內遴補庶邊地收得人之益及奉天旗民近年徙吉林黑龍江者多至千餘戸請

飭該將軍下所屬旗佐隨時稽察期有限制

詔並從之明年春卒

穆宗悼惜焉

賜祭葬如故事謚曰莊毅予其子忠清藍翎侍衛

伊興額字松坪姓何圖哩氏隸蒙古正白旗世居吉林父德林保性勇敢以佐領從征臺灣四川戰輒冠軍

賜號珠克圖巴圖魯

賞戴花翎伊興額少孤家貧躬耕牧冬入山樵採手足重繭意豁如也道光十年從征喀什噶爾亥肅州事平十九年以人材挑選入都授侍衛擢入滿洲正白旗二十一年英夷內犯出防浙江海口明年還京尋以病假歸咸豐三年粵逆擾兩湖東南騷動請赴軍冀得當以報於是隸

欽差大臣琦善於揚州明年賊來犯以騎兵擊之北門賊敗去尋戰三汊河及浦口並勝旣而賊復犯揚州偕總兵武慶擊敗之明年攻毀浦口賊營累擢頭等侍衛五年江南大營以副將吉連扼對江石磧橋而水軍

泊三山與相犄角水軍俄泝江上陸路勢孤賊分兩路逼石磧橋衆號數萬時以偏師屯浦口語武慶曰吉軍破且及我當往救答曰專令可乎曰事已亟救鄰軍之危獲專令之譴請以身當於是偕總管西昌阿夜進黎明薄賊壘會天大霧礮矢齊發讙聲雷動賊大駭不知軍所從來且不辨多寡遂空壘以奔吉連亦出兵夾擊斬級三千餘乘勝復江浦西解和州圍所斬賊及自溺死者踰萬六年調剿捻逆時賊渠任仲勉據南屏築礮臺自固師進澮河北岸賊來戰騎兵張兩翼抄擊之槍無虛發賊敗自相踐蹋死者

以二千計河水爲斷流躡擊至南岸斬仲勉餘賊悉就殲尋破賊渠李大喜於宿州孫疃等集又擊敗白任乾宿州城下解其圍多所斬馘逆首張樂行逼徐州擾及永城縣偕徐州鎮總兵傅振邦禦之陳獲賊渠孟繼民賊驚潰逐北十數里而宿州灘口爲安徽賊衆所據復偕振邦分路攻之殪賊甚夥追擊過河同剿永城據賊偕振邦戰兗家集大捷進平鐵佛寺柳子集呂家橋諸賊巢賊擾潁上偕總兵郝光甲擊敗之會河南官軍攻賊雉河集自潁上馳助殲賊七百有餘羣賊尋復萃徐州圍郡城旁擾蕭碭豐等縣

偕振邦等并力戰守圍旋解

詔以副都統記名

賞戴花翎賊渠王廣愛粱振貴糾衆張家七樓號數萬議北竄將擊之所部步軍二千騎什之一衆寡遠不侔因於夜半先以騎銜枚疾馳毀壘垣直入獲廣愛振貴賊黨驚擾既拚死命來救率騎然槍縱横四突賊皆辟易會步軍繼至賊益不支殲之殆盡授正紅旗棠古副都統傳此授在八年然行狀云爾宜非譌明年賊渠李月自三河尖北竄月劇賊善戰則堅壁持之詗知賊黨有陳保元者頗能事母陰使人致之令書招保元保元猶豫

則單騎往曉以大義保元以其衆五千降月大驚宵
遁追擒之大陳集軍輿來號名將者大抵持士卒血
肉與礮火競短兵接者希矣矧用間伊興額官侍衛
京師自以少失學喜從通人遊用稍稍知古兵法故
攜保元獲月平劇寇旬日間雖然儒者亦多秉節鉞
豈兵書不之讀而覆敗相尋顧其能用否耳於是
賜號額圖渾巴圖魯以病回徐州療治爲
欽差大臣勝保所劾
詔摘頂翎仍責後效尋破賊渠梁思柱於酈家墟劉大淵於
喬家廟獲思柱殪大淵復偕總兵史榮椿破趙家屯

賊衆渦河南岸賊巢悉平

賞還頂翎八年攻賊宿州紀家莊敗之俄自臨淮蹑賊至蒙城破其眾盈萬戰賊薛家湖斬三百餘級攻湖東西賊巢礮傷右骰裹創進卒破平之

賞頭品頂戴進勦宿州以南多所俘斬與逆首張樂行戰頳亳之墟自辰至午閱三時斬千餘級而賊渠劉天祥以數萬眾自六安北竄孤軍慮為所乘退屯蕭縣將伺便擊之而豐縣陷於賊坐褫職明年起原官時傅振邦督辦三省勦匪事宜

命為幫辦接統太僕寺卿袁甲三所部而逆首劉天福圍我

滄北軍方亟外環賊營二十四令騎兵裹糧直陷重圍自內反攻向外外兵與夾擊賊潰晁滄河遁圍立解

詔奬焉疏調翰林院編修李鴻章工部主事于凌辰赴軍

詔如所請後鴻章身都將相功名盛一時其去近侍治軍始此知人之明與以人事

君之忠伊興額幾幾與駱秉章胡林翼曾國藩諸名臣爭烈矣尋

命督辦河南剿匪事宜躡賊至商水縣老湖坡令佐領穆克德布富亮分道進而自繞出賊後夾擊賊潰逐北至

太和縣孫家圩斃賊二萬有奇

詔奬焉又偕傅振邦破賊袁家集多所斬獲勝保劾商水之

戰不救舞陽又所上首功不實

詔革去頭品頂戴旋褫職舞陽者去商水二百里有奇戰商

水日總兵邱聯恩同日戰沒舞陽勝保所劾時論不

以爲忮謔謂若當是役必能分其身半戰商水半救

舞陽云十年病回京師都察院奏安徽監生張鴻文

呈稱伊興額在軍士皆用令遠近悅服請加重柄仍

總辦剿匪事宜毋令牽制必能迅埽賊氛報

聞秋京師戒嚴王大臣知謀勇兼資與策戰守會和議成科

爾沁親王僧格林沁請與南征

給六品頂戴道出濟甯紆鄒縣謁孟子廟呼諸將羅拜曰彼丈夫也我丈夫也數語每誦之輒自壯願共勉之進及僧格林沁徐宿閒其民爇香夾道迎拜僧格林沁謂逆己也好語謝之拜者不解所語但曰聞伊都統來吾輩不復憂賊故拜迎僧格林沁歎其得民心如此爲疏

聞

賞三品頂戴辦理徐宿民團事宜時以故將復起舊部曲多不隸麾下所將五百騎及增募者練未成軍而賊竄

曹單迤東近接畿輔奉急檄與徐州鎮總兵滕家勝
襄五日糧北援及賊汶上家勝爲前行鼓饑疲士赴
之賊衆圍我數匝家勝戰方酣馬躓死家勝故所部
驍將累立戰功聞其被圍率百餘騎馳入索之不得
復潰圍出賊亦麕集然不敢近皆四遶圍之憤甚橫
刀縱馬突賊厚處亂斫所斬刈過當竟沒於陳百餘
騎悉殉時十一年春也夫捻逆蠭起原於粤逆東豫
江皖之交無慮皆是當其糾結而出或卓旗於門門
有籍籍與者之名期以時日婦人至市衣釧易馬壯
夫之行視若商販所過肆焚掠不攻堅不久頓爲官

軍所逼閒逞其鋒既饜捆載歸處貿於力耕矣當時
章奏往往云逼使歸巢巢安在歸不復出乎蓋黠而
難制實甚粤逆彭毓橘劉銘傳並湘淮名將或覆或
亡僧格林沁亦殉疆埸僧格林沁忠勇蓋世顧其辦
賊相與馳逐無所謂謀謨不免如
文宗責闒保徒事尾追著著落後伊興額有儒將風且知用
閒獨數起數蹶當一面無幾時而其卒亦不能不致
於賊惜也事
聞
詔復原官

賜祭葬如典禮
予謚壯愍給其子盛福騎都尉世職而立功所在及吉林故
籍
許建專祠
金順字和甫姓伊爾根覺羅氏吉林八旗滿洲鑲藍
旗少孤貧事繼母孝性忠懿樸勁踰冠從戎崎嶇三
十餘年入死出生與軍事相終始非偶然也咸豐三
年粵逆竄山東隨大軍禦之以功授驍騎校
賞藍翎六年隸副都統多隆阿敗賊湖北麻城蘄州尋破之
黃梅縣

賜號圖爾格齊巴圖魯

賞換花翎九年攻安徽太湖諸賊壘克之明年助楚軍克太湖歴擢協領加副都統銜冬我軍圍安慶逆酋陳玉成擁衆自舒城廬江西上牽制我軍勢張甚多隆阿營挂車河嚴陳以待賊徑渡我軍三路迎擊戰方酣金順以騎兵出香鋪街貫賊中堅賊卻合軍逐北二十餘里賊壘悉平賊渠黃文金糾捻逆渡江規與玉成合逆擊之新安渡斬馘甚夥當是時多隆阿以荊州將軍將騎提督鮑超將步軍行輒相輔爲賊所畏號多龍鮑虎東南諸統將無與抗行而金順故多隆

阿部將冠擊賊常爲軍鋒同治元年粤捻合據河南荆子關隨多隆阿攻克之明年多隆阿以
欽差大臣赴陝西勦逆回率所部從王閣村羌白鎮並賊老巢至立克之尋敗賊渭河剗平南岸賊寨
賞頭品頂戴進克高陵縣涇河迤北肅清乘勝破蘇家溝渭城賊巢三年漢南賊東竄鳳翔率騎兵逆擊於澧峪殪之幾盡全陝回務肅清方西安被圍賊衆號十萬晝夜力攻城中危甚所在援軍莫適先發金順所將數百騎耳出賊不意冒圍直入縱横盪決賊遂土崩巡撫劉蓉盛陳其功稱忠勇有謀不避艱險每戰必

先馭軍尤嚴明有法授鑲黄旗漢軍副都統尋調西安副都統粤逆逼會城爲官軍所遏西奔督騎兵追及澧河東岸興隆鎮大敗之而逆酋悍黨麕集盩厔店子頭田峪口等處進軍南集賢村偪賊而壘直擣店子頭賊三路出禦麾騎蹂之賊陳亂所殪以千計毁其巢賊退據鹿門村各堡爲持久計旣而賊將攻淇水二堡偵知會諸軍截擊多所斬馘明年攻甯夏城南賊壘奪其礮臺固原賊合於逆回蔓延黄河兩岸率軍分三路趨黄渠橋寶豐南擊之斬逆酋孫保義等五年調甯夏副都統尋署甯夏將軍七年勦賊

定邊勝之而逆回竄據甯條梁陷懷遠犯甯榆南關

詔趣赴甯條梁秋師進榆林連戰皆捷賊走葭州遣將敗之

關山苑及張家坪明年復綏德州擊敗榆林賊尋聞

陝賊圍甯夏疾馳抵纏金會提督張曜等軍大破之

冬逆回趙五阿渾自陝來援王家疃偕張曜逆擊斬

趙五阿渾進克馬泰納洪兩寨身被數創九年逆回

馬化隆誘甯郡降回馬萬選復叛遣將擊走之尋以

新渠甯郡防軍無多陝甘各回麟集疏請濟師

詔提督宋慶率豫軍兼程以赴夏王家疃賊自牛頭山竄河

西會諸軍敗之黃渠口斬悍酋梅照喜等明年克王

家幢

賞穿黄馬褂進攻通貴堡克之獲馬萬選餘賊窮蹙乞降擢

烏里雅蘇台將軍疏言未能遽之任請暫統全軍進

討甘涼鎮番諸賊

允之尋以還甯夏未報起程赴鎮番

詔褫職即日督所部赴肅州道擊鎮番賊勝之會烏魯木齊

提督成祿行抵金塔

詔速赴肅州統其軍十二年秋與

欽差大臣陝甘總督左宗棠會師肅州攻克之

詔復原官

賞還黃馬褂花翎勇號肅州旣復議出關役苦餉艱諸將多

内憚獨請行宗棠疏陳謂服其力顧大局會

詔以烏魯木齊都統景廉駐古城兵力甚薄

命率所部二十營赴之規復烏魯木齊於是遂發出關數十

里即瀚海軍忽不行問之則曰先鋒營駐有所議知

且變疾從數騎馳視有三弁迎陳所以手刃斬之營

官偕一哨官至復刃之營官書記在旁曰奈何不令

一言又刃之麾其軍曰敢留者視此於是角聲嗚嗚

軍以次行駐馬視過盡乃列六尸拜之曰雜賦豆麪

不飽佐以野蔬天下無若西軍苦此行度戈壁並乏

水草吾非不知但不忍汝六人如全軍何奴

國家何又如關內生靈何遂放聲大哭聞者由是知盡

瘁事

國苦心矣道授正白旗漢軍都統明年至古城與景廉

會師因演礮兩軍外漢回觀者數百千人金順長身

赬面微鬚額甚闊而鋭下材官列侍大抵及其乳聲

若洪鐘見之莫不聳異於是景廉所部指敗堵煙筒

爲的擊之再煙筒無恙所部管帶開花礮隊總兵鄧

增粤人幫帶參將張玉林人江甯拉礮進且曰許大煙筒

何足擊請捲旗卓之爲的玉林測視畢請於金順又

測視畢礮響旗飛如翦霞空際既而增亦爾覿者讙呼聲震遠近逆回聞之氣奪尋

命幫辦新疆軍務光緒元年調烏魯木齊都統先是逆酋白彥虎糾脅賊衆竄瑪爾斯據爲老巢時窺古城勢復熾明年進軍攻之既拔黃田賊卡長驅古牧地破其堅壘連下烏魯木齊廸化昌吉呼圖壁各城直逼瑪爾斯陳斬僞元帥馬興南北兩城相繼克

賞戴雙眼花翎予雲騎尉世職調伊犂將軍四年攻克西四城回疆底定率軍收還伊犂鎮之十一年入

覲道卒

詔給銀千兩治喪靈柩回旗官爲護送

賜祭葬如典禮加太子太保銜

予謚忠介初金順婚託莫洛氏逾月屬事繼母撫諸弟遂出

而轉戰數十年至新疆乃遣奉一品夫人

誥命迎之謂使者曰太夫人老矣寧能涉萬里吾義不得獨

行且彼處盛姬侍能多育子姓宗祧不墜吾又何求

遂不往時爭賢焉而金順故隸多隆阿其取受頗異

又於幕府士不能禮下士以故多去之他軍其會攻

王家疃他將幕府豫草奏以待既克即發金順功實

最徒以入告之後

賞次他將時不以他將爲讓功謂金順失士宜爾　非篤論

然既開幕府又可使虛無人哉

花哩雅春吉林人其氏與所隸之旗未詳咸豐初從征新疆以戰創回旗調理道出奉天廣甯時馬賊不靖擾及

興京廣甯民懼將他徙謂曰無懼賊衆烏合耳吾戰天山瀚海間嘗以百人破敵二千今從者四十八雖創殘之餘皆經百戰列有城可憑何懼哉由是民恃以守賊至擊去之積前新疆功授

盛京副都統當是時賊有竄吉林者而敗或獲其礮則

興京守陵者也署將軍德英以聞詔下其事奉天奉天覆言陵礙無恙會德英以憂去繼者亦疏言覆驗并是也

德昌其氏未詳三姓陳滿洲隸鑲紅旗趫勇善戰咸豐八年出戍天津轉戰河南江蘇累擢防禦同治元年師旋會朝陽賊竄黑背山所在焚掠隨副都統富明阿攻之三家子陷陳爲軍鋒所殺過當而右膝亦被槍傷擢佐領先是

詔吉林選騎兵百赴神機營操演德昌率之往五年奉天馬賊日熾尚書文祥奏

命討之德昌以所部從戰中陽堡朝陽坡並捷明年破賊吉林大孤山游擢副都統光緒元年駐軍昌圖偵八家子餘孽復起其巢險甚阻之以守遴精騎往勦擒斬無遺

賜號博奇巴圖魯授騎都尉世職七年署伯都訥副都統旋調甯古塔副都統卒子某某襲世職兼二品廕生

德玉琿春八其氏與所隸之旗未詳善火槍暇走一騎獵山中百發百中同治四年吉林所在皆賊賊竄

會城有備遂竄甯古塔逼琿春時軍興徵調四出德玉雖以防禦留而守望不具賊至趨東門徑入舉城沸然德玉槍而騎獨馳逆之一槍賊渠殪再槍賊執旗之目殪賊連喪其酋大懼又沸聲四起慮有伏且自來無單騎臨戎者乃疑而遁以功擢協領是役以一人全城在古亦罕會幾何日他事實乃一無所傳即此傳於誰何亦幸耳惜哉惜哉

吉林通志卷一百九

人物志三十八 世職表一

騎都尉 輕車都尉附

	國初時
鑲黃旗	巴希傅察氏世居訥殷滿洲佐領從征錦州戰歿卹贈二等輕車都尉世職
正黃旗	賚三哲爾德氏世居烏喇滿洲佐領從征索爾和戰歿卹贈 顧山哲爾
正白旗	
鑲白旗	塔海伊爾根覺羅氏世居長白山滿洲佐領從征松山戰歿卹贈 扈習趙佳
正紅旗	
鑲紅旗	哈爾古東鄂積氏世居瓦爾喀什滿洲二等男永順之弟以護軍統領從征錦州戰
正藍旗	色勒傅察氏世居葉赫滿洲以軍校從征錦州戰歿卹贈 傅克察
鑲藍旗	達蘭瓜爾佳氏世居蘇完滿洲以雲騎尉從征朝鮮戰歿卹贈 莽郭尼拉

葉中額 瓜爾佳氏世居訥殷滿洲貝勒侍衛從征烏喇陣歿卹贈孫哈寶庫從征戰歿卹贈七品官

德氏世居烏喇滿洲佐領從征朝鮮戰歿卹贈

巴爾圖 覺羅氏世居渾春滿洲從征皮島力戰歿卹贈

甄特民 覺

氏世居胡布察滿洲從征甯海州先登戰歿卹贈

歿卹贈二等

查拉里 氏世居瓦爾喀滿洲佐領從征昌黎戰歿卹贈

滿都護 扎拉里氏世居瓦爾喀滿洲以副參領從征福建戰歿卹贈

氏世居葉赫滿洲從入關戰歿卹贈

馬什泰 瓜爾佳氏世居瓦爾喀滿洲佐領世襲輕車都尉從征準噶爾戰歿賜祭葬

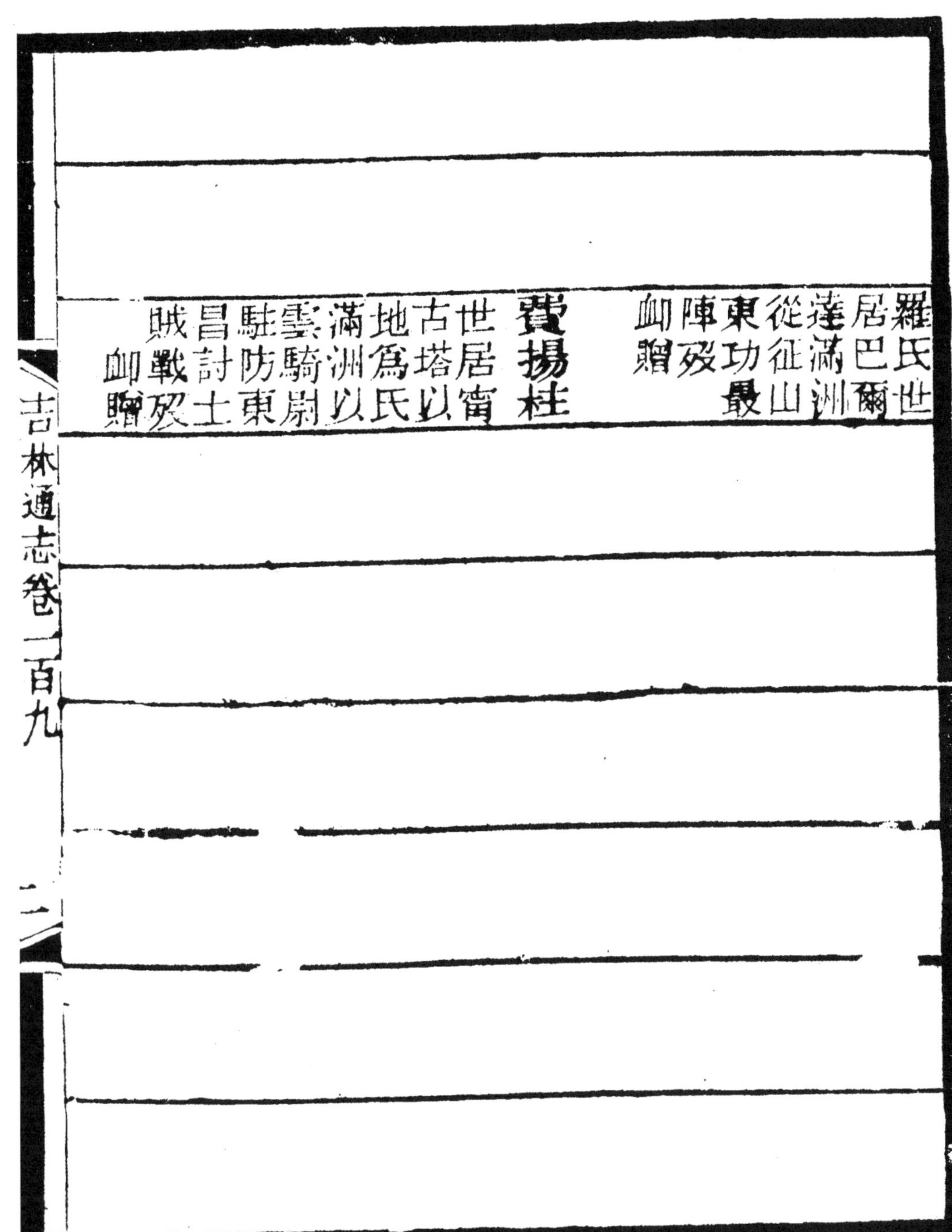

羅氏世居巴爾達滿洲從征山東功最陣歿卹贈

費揚桂

世居甯古塔以地爲氏滿洲以雲騎尉駐防東昌討士賊戰歿卹贈

瓦顏柱 甯古塔氏世居虎爾喀滿洲以雲騎尉從征東昌士號戰殁卹贈

巴代 世居完顏以地爲氏滿洲佐領從征大同戰殁卹

贈

噶布碩倉佳氏世居松阿哩河從征江南靈壁縣戰歿䘏贈弟西奇納襲從征山東土賊陣歿䘏贈兼一雲騎尉姪敦達禮從征湖廣戰歿䘏贈雲騎尉世職

東阿烏扎喇氏世居卦爾察從征山東館陶縣戰歿䘏贈子福拉塔襲從征江西戰歿䘏贈兼一雲騎尉

以上二人旗分無考

乾隆三十八年

烏什哈達滿洲前都京正白蒙副都統予騎都尉加一雲騎尉世職遷吉林調齊

達哩庫伯都訥陳滿洲花翎參領委營總從征金川朱文噶爾陣亡䘏贈孫花沙佈

色克哩吉林滿洲官副都統出征金川陣亡䘏贈子富成襲故孫阿克敦保襲故曾

齊哈爾熊岳轉都京鑲紅蒙副都統法福哩巴圖魯賞頭等侍衛從征四川陣亡卹贈輕車都尉子圖爾弼善襲年未詳

襲

嘉慶朝

蘇倫保 吉林滿洲英吉

蘇拉哈 陳滿山洲喀

烏勒興 伯都額訥陳

依興阿 蒙古花翎副都

孫銀山襲故襲次已完給恩騎尉世襲罔替元孫貴全襲故四世孫賽崇阿襲

咸豐朝

沙爾領隊大臣副都統征剿逆回陣亡卹贈兼一雲騎尉子富璽襲故孫音德佈襲故孫永貴襲

圖桑阿吉林滿洲花翎二品頂戴記名

哈勒庫伯都訥陳滿洲花翎副都統銜

什喀爾辦事大臣征剿逆回陣亡卹贈子德成額襲遺缺孫托克通阿襲從征陣亡曾孫英俊襲

純林阿勒楚喀滿洲花翎記名副都統防

多隆武伯都訥陳滿洲副都統銜協領

滿洲世襲雲騎尉委參領從征四川克復吉山陣亡又卹贈雲騎尉合一騎都尉元孫敦卓佈襲

統銜協領兼襲恩騎尉從征山東高唐州陣亡卹贈常慶姪襲

富珠隆阿烏槍營花翎副都統銜佐領委營總從征江蘇桃源縣陣

依勒東阿吉林滿洲花翎三姓副都

副都統
協領委
營總十
年從征
安徽陣
亡　卹
贈子連
貴襲
隆春烏
滿洲拉
翎頭花
侍衛等
崇武博
圖魯巴
征湖出
陣亡北
卹贈子
富桑
阿襲

儘先協
領佐領
奇撤格
勒巴圖
魯從征
安徽潛
山縣陣
亡　卹
贈兼一
雲騎尉
子魁
林襲
德隆阿
伯都訥
陳滿洲
副都統
銜郎補
協領驍
騎校從

禦敵勇
巴圖魯
從征陣
亡　卹
贈兼一
雲騎尉
子永
福襲
德福阿
勒
楚喀滿
洲花翎
儘先協
領驍騎
校依博
德那巴
圖魯從
征甘肅
甯夏府
陣亡

從征河
南陣亡
　卹贈
子貴英
襲

亡　卹
贈子勝
安襲故
孫德林
襲
倭西奈
烏拉滿
洲花翎
協領銜
儘先佐
領依通
額巴圖
魯從征
江蘇陣
亡　卹
贈姪烏
凌額
襲

統出征
江蘇六
合縣陣
亡　卹
贈兼一
雲騎尉
孫權
貴襲
和成伯
都
訥陳滿
洲花翎
副都統
銜郎補
協領委
參領強
謙巴圖
魯從征
江南陣
亡　卹

德陞阿烏拉滿洲防禦委營總從征伊犁陣亡　卹贈兼一雲騎尉姪成安襲

吉勒忠阿阿勒楚喀滿洲花翎副都統銜儘先協領

征江蘇六合縣陣亡　卹贈子廣成襲

興林琿春滿洲二等侍衛從征直隸陣亡　卹贈次子恩祿襲

常壽吉林滿洲花翎副都

卹贈子永陞襲

富全烏拉滿洲花翎副都統銜儘先協領訥蘇肯巴圖魯從征江蘇陣亡　卹贈姪滿壽襲

贈姪榮陞襲

烏爾恭額吉林陳滿洲世襲騎都尉兼一雲騎尉花翎副都統銜記名副都統協領圖薩奉巴圖魯從征江南浦口陣亡　卹贈子

驍騎校從征直隸傷亡卹贈姪恩祥襲

統銜寗古塔協領委營總伊拉固勒巴圖魯從征江蘇六合縣陣亡卹贈子永全襲

伊興額 吉林蒙古攞入滿洲前花翎頭品頂戴正紅旗

英林襲

雙成 吉林滿洲花翎副都統銜協領兼世管佐領委營總從征江蘇丹陽縣陣亡卹贈子富勒洪阿襲

密成 烏拉滿洲花翎儘先

蒙古副都統領圖渾巴圖魯賞給三品頂戴辦理徐宿民團追勦捻逆在山東東平州楊柳集陣亡卹贈子盛福襲另有傳

貫

烏拉

驍騎校委參領從征江蘇陣亡卹贈弟永成襲

滿洲花翎頭品頂戴記名副都統協領呼敦巴圖爾從征甘肅甯夏府陣亡卹贈兼一雲騎尉子富克鍗襲

全陞 烏拉

滿洲頭品頂戴記名副都統佐

領額騰
額巴圖
魯從征
伊犁庫
爾喀喇
烏蘇陣
亡　血
贈子金
祿
襲
德喜烏
拉
滿洲花
翎副都
統銜盡
先協領
委營總
從征廿
肅陣亡
卹贈

姪常
海龔

開隆阿

吉林滿洲花翎頭品頂戴都京正藍漢副都統齊成額巴圖魯從征直隸天津陣亡卹贈子賽沙楚喀龔從征陣亡孫舒和

同治朝

常順 吉林陳漢軍記名副都統滿洲正藍旗防禦委營總額騰伊巴圖魯從征河南魯山縣陣亡 卹贈子春福襲

哲克棟額 阿勒楚喀滿洲副都統銜驍騎校委營總從征河南陣亡 卹贈兼一雲騎尉子達祿海襲

那襲退曾孫雙喜襲另有傳

常安 烏槍營花翎副都統銜委參領倭什洪額巴圖魯從征陝西長安縣陣亡 卹贈姪德忠阿襲故子喜林襲

常明 滿洲花翎副都統即補協領委參領巴里查台巴圖魯從征陝西同州府陣亡 卹贈姪淩喜襲故從孫吉倫襲

和明 陳滿洲花翎記名副都統委參領從征江蘇六合縣陣亡 卹贈子富隆阿襲遺缺孫來福襲

全英 蒙古

常明 烏拉滿洲花翎副都統銜儘先協領三姓鑲白旗佐領委營總從征烏魯木齊勦賊於濟木薩陣亡 卹贈兼一雲

保清 吉林新滿洲花翎副都統銜即補協領佐領委營總從征河南陣亡卹贈子胡哩圖襲

保隆 烏槍營花翎副都統銜佐領委統領法什尚阿巴圖魯在本省雙石磯勦賊陣亡卹贈姪魁福襲故子喜林襲

明通 雙城堡滿洲藍翎副

索成 伯都訥滿洲世襲雲騎尉委參領從征陝西西安府陣亡又卹贈雲騎尉合一騎都尉子雙福襲

齊齊哈爾副都統因積勞故於任照軍營陣亡例卹贈子吉祥襲

騎尉子恩春襲

都統銜協領本省拉林東山石門鄉賊陣亡卹贈孫興權襲吉勝福林花滿洲都領副驍統銜委騎校奉參領抵差行圖哈力捐遇賊卹軀承贈姪

光緒朝

喜襲故從孫雙印襲
恒祿滿洲花翎記名副都統協領從征河南陣亡卹贈子連仲襲

成林吉林滿洲花翎副都統銜儘先協領

興祿雙城堡滿洲花翎頭品頂戴記名副

金福陳滿洲花翎二品頂戴協領練防全

委參領從征濟木薩陣亡卹贈弟常林襲
徐恆
烏槍營花翎協領銜儘先佐領從征歿於軍卹贈子喜順襲

都統佐領從征伊犂瑪訥斯城陣亡卹贈兼一雲騎尉子志清襲

營翼長達春巴圖魯因積勞歿於防卹贈子慶恆襲
德昌
吉林陳滿洲花翎頭品頂戴記名副都統協領署甯古塔副都統練軍全營翼長統

帶靖邊左路軍博奇巴圖魯因積勞故於任卹贈兼一雲騎尉子悅淩阿襲

雲騎尉恩騎尉

國初時	
鑲黃旗	
正黃旗	碩爾昆 覺羅氏世居葉赫滿洲從圍錦州戰歿卹贈
正白旗	海住 孟氏世居葉赫滿洲以軍校從征湖廣戰歿卹贈
鑲白旗	
正紅旗	
鑲紅旗	
正藍旗	西特庫 扎拉里氏世居瓦爾喀滿洲佐領從征四川戰歿卹贈 阿里善 扎拉里氏世居瓦爾喀滿洲以
鑲藍旗	

護衞從征福建戰歿卹贈

馬喇塔他拉氏世居查庫穆滿洲以軍校從征福建戰歿卹贈

都敏民覺羅世居董鄂滿洲佐領從征戰歿卹贈

孟格圖葉赫禮氏世居葉赫滿洲從征福建戰歿卹贈

莫洛洪納喇氏世居尼馬察滿洲以護軍校從征福建戰歿卹贈以上三人旗分無考

雍正朝

巴音佈

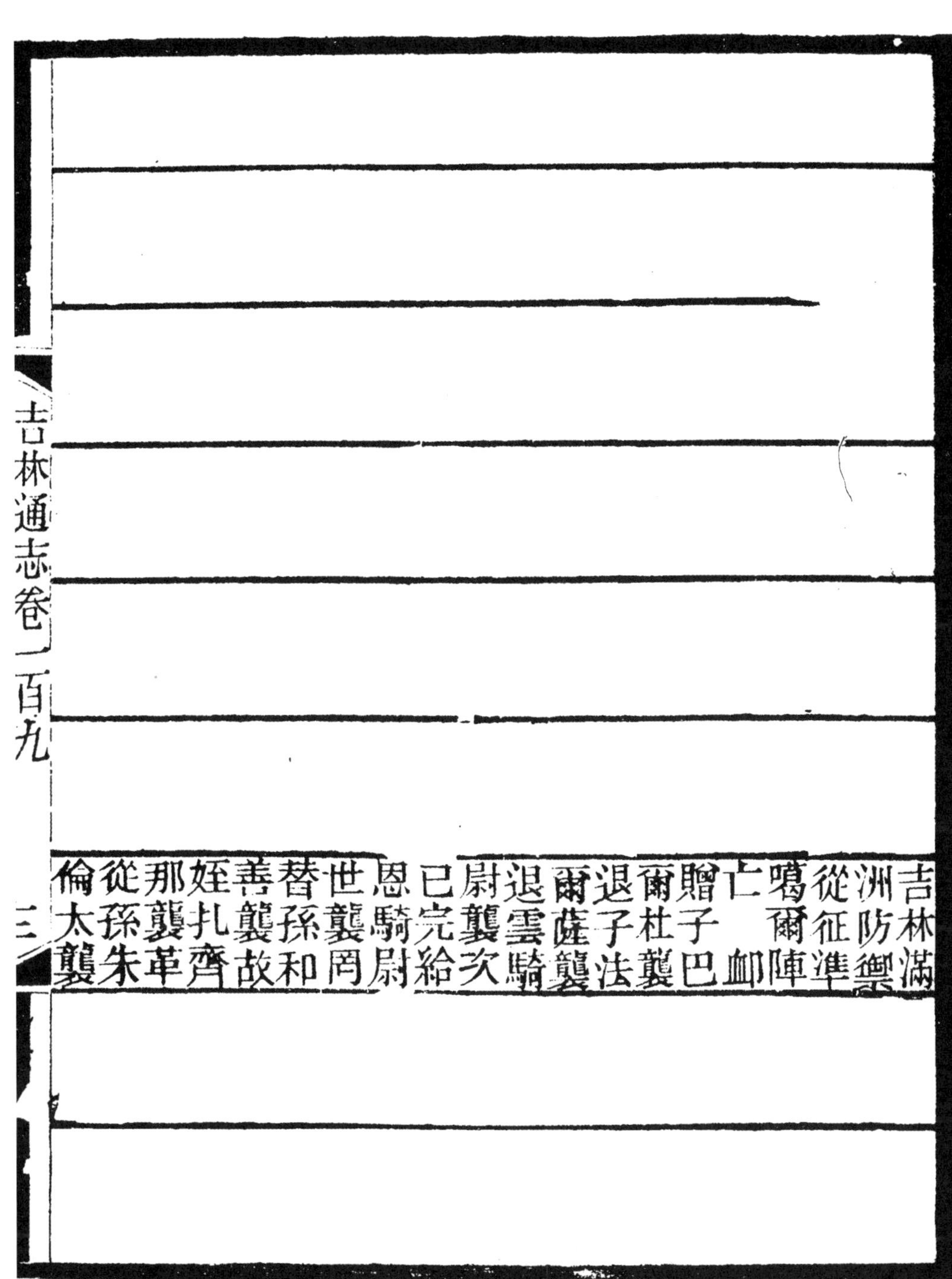

吉林滿洲防禦從征準噶爾陣亡卹贈子巴爾杜襲退子法爾薩襲退雲騎尉襲次已完給恩騎尉世襲罔替孫和善襲故姪扎齊那襲革從孫朱倫太襲

乾隆四年

常保　吉林　滿洲委官從征四川陣亡卹

故曾孫七十一襲故從孫和親保襲故曾孫索柱襲故曾孫和柱襲革元孫烏林保襲革四世孫依順襲

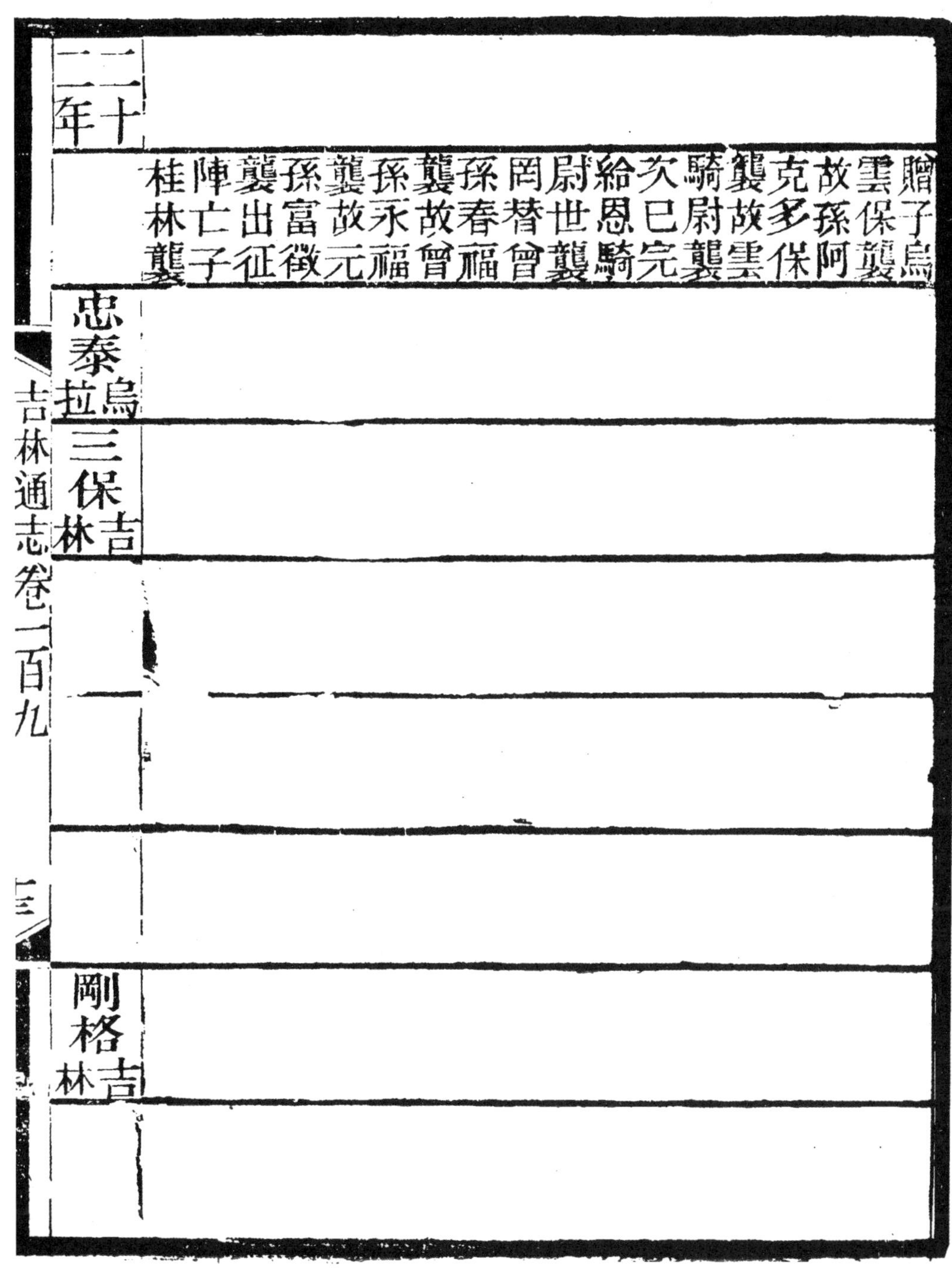

二十二年

贈子烏雲保子孫阿故克多孫保雲故襲襲騎尉故完次巳恩騎給尉世襲罔替曾孫春福曾襲故永元孫福襲故徵孫富征襲出子陣亡林桂林襲

忠泰烏拉

三保吉林

剛格吉林

吉林通志卷一百九

三

二十三年

打牲委前鋒參領從征回部逆酋陣亡卹贈

滿洲委前鋒參領從征回部逆酋陣亡卹贈

簡保吉林滿洲章京署參領從征回酋戰於葉爾羌黑水營陣亡卹贈

穆哈納吉林滿洲署章京從征回酋戰於葉爾羌黑水營陣亡卹贈

滿洲委驍騎校從征回部逆酋陣亡卹贈

西林保吉林滿洲佐領署參領從征回酋戰於葉爾羌黑水營陣亡卹贈

那爾泰吉林滿洲署章

吉林通志卷一百九

二十四年	
	法松阿 琿春滿洲藍翎侍衛出征業爾騎木陣亡卹贈子富三太於三十五年襲孫那精德於四十
	伯祿 伯都訥滿洲章京委前鋒參領出征回部逆酋陣亡卹贈雲騎尉
	永保 吉林滿洲驍騎校從征巴里坤回逆陣亡卹贈 德福 吉林滿洲委驍騎校從征巴里坤回
京從征回酋戰於葉爾羌黑水營陣亡卹贈	烏爾翰 吉林滿洲委驍騎校從征回部逆酋陣亡卹贈 扎庫齊 吉林滿洲領催

四年襲故雲騎尉襲次已完給恩騎尉世襲罔替現四世孫定祿襲

三十八年

布延圖 甯古塔蒙古藍翎長從征金川陣亡卹贈

巴延泰 甯古塔滿洲署七品官從征金川陣亡卹贈

逆陣亡卹贈

額爾登保 吉林滿洲防禦委參領從征金川陣亡卹贈

委章京從征回部逆酋陣亡卹贈

德保 甯古塔領催委驍騎校從征金川下巴木通陣亡卹贈

鄂羅敦 吉林滿洲藍翎侍衛從征金川陣亡卹贈

伊蘭泰 吉林滿洲防禦從征金川陣亡卹贈

僧西保

吉林滿洲防禦從征金川雅克木雅陣亡
卹贈
依蘭奉
伯都訥陳蒙古領催委驍騎校防禦從征金川陣亡卹贈子常喜襲至元孫

富興現遺缺未襲

三十九年

牙秉阿 琿春滿洲藍翎侍衛在金川木果木陣亡卹贈子嚴崇阿於是年襲孫於嘉慶六年襲雲騎尉襲次已完給

鐵柱 吉林滿洲以護軍參領從征金川色溯普陣亡卹贈

二達色 三姓滿洲委驍騎校從征金川

富昌 吉林滿洲前鋒委驍騎校從征金川羅博瓦陣亡卹贈

克星額 吉林滿洲以參領從征金川色

烏爾青額 吉林滿洲委參領從征金川進攻康薩爾大碉木城陣亡卹贈

富紹 三姓滿洲委驍騎校

烏林泰 吉林滿洲以參領從征金川達爾圖陣亡卹贈

英格 吉林滿洲以參領從征金川進攻康薩爾大碉木城陣亡卹贈雲騎尉世職

烏爾袞泰 甯古塔滿

德隆 甯古塔滿洲委驍騎校從征金川進攻康薩爾大碉木城陣亡卹贈

巴彥布 甯古塔滿洲前

恩騎尉世襲罔替曾孫額爾蘇勒襲

巴爾呼拉林滿洲領催委驍騎校從征金川陣亡卹贈

法泰甯古塔滿洲藍翎軍

色渊普陣亡卹贈

明桂拉林滿洲領催從征金川色渊普陣亡卹贈

渊普陣亡卹贈

赫隆保吉林滿洲以防禦從征金川進攻康薩爾陣亡卹贈

福廕保甯古塔滿洲領催從征金川達

從征金川色渊普陣亡卹贈

洲烏槍護軍校從征金川陣亡卹贈

觀泰甯古塔滿洲以防禦從征金川進攻康薩爾大碉木城陣亡卹贈

鋒委驍騎校從征金川陣亡卹贈

四十年

功從征金川達爾圖陣亡卹贈

得森特吉林滿洲參領從征金川巴占陣亡卹贈

桑吉納吉林滿洲驍騎校署參領從征

孟庫吉林滿洲委署驍騎校從征金川沙爾尼陣亡卹贈

扎爾蘇吉林滿洲委署

爾圖陣亡卹贈

根春吉林滿洲防禦從征金川當噶陣亡卹贈

福木保甯古塔滿洲藍翎軍功從征金

額勒登保吉林滿洲委參領從征金川康薩爾陣亡卹贈

錫喇納吉林滿洲七品

巴雅爾吉林滿洲藍翎前鋒從征金川勒烏圍陣亡卹贈

哲坤保吉林滿洲防禦

達蘭泰吉林滿洲藍翎軍功從征金川進攻勒吉爾博碉寨陣亡卹贈

巴斯呼

巴蘭保吉林滿洲委驍騎校從征金川康薩爾陣亡卹贈子富勒呼訥襲

巴雅吉林

納斯圖吉林滿洲委驍騎校從征四川促津河陣亡卹贈子額騰義襲

堪太吉林

金川榮噶爾博陣亡卹贈墨垺吉林滿洲委驍騎校從征四川碾占陣亡卹贈達爾呼勒岱吉林蒙古領催委驍騎校從征金川

章京從征金川康薩爾陣亡卹贈永德吉林滿洲委參領從征金川之西里阿穰曲陣亡卹贈哈布青阿甯古塔滿

川蚌噶陣亡卹贈世職弟色蘭泰襲阿津泰拉林滿洲委署驍騎校從征金川康薩爾陣亡卹贈子徹楞額襲富昌滿洲

官從征緬甸擊賊於達撒谷陣亡卹贈雅哈哩伯都訥滿洲委署驍騎校從征金川康薩爾陣亡卹贈子巴蘭保襲西拉那

從征金川巴占陣亡卹贈額勒登保吉林滿洲披甲軍功賞戴藍翎從征金川陣亡卹贈子克星額襲阿林保吉林滿洲領催

隆吉林滿洲署驍騎校從征金川榮噶爾博陣亡卹贈烏善保伯都訥滿洲藍翎前鋒從征四川碾占陣亡卹贈子烏爾星額襲

滿洲藍翎前鋒從征金川格隆古陣亡卹贈子達蘭泰襲文德吉林滿洲藍翎護軍從征金川沙爾尼陣亡卹贈噶嚕吉林滿洲委前鋒驍

滿洲署驍騎校從征金川榮噶爾博陣亡卹贈善泰甯古塔滿洲驍騎校從征金川榮噶爾博陣亡卹贈子德星佈襲莫勒根

陣亡卹贈雲騎尉世職

德森特 三姓新滿洲驍騎校委參領從征金川陣亡卹贈子明山襲故孫色普政額襲故雲騎尉襲次已完

洲藍翎軍功從征金川陣亡卹贈子惠哈納襲

郭全 烏拉滿洲藍領防禦委參領從征喀什噶爾陣亡孫鳳林襲恩騎尉以前無考

前鋒委署驍騎校從征金川羅博瓦陣亡卹贈子阿木昌阿襲故孫依成額襲史館富森布傳印作富昌爾

吉林滿洲七品頂戴披甲從征金川陣亡卹贈子多倫襲故孫德明山襲故雲騎尉襲次已完給恩騎尉世襲罔替曾孫富順襲遺缺元孫春林襲

委閒散章京從征金川陣亡卹贈子色克精額襲

恩特赫

默 吉林蒙古副前鋒校從征西川促津河陣亡卹贈子明襲

騎校從征金川當噶陣亡卹贈子德濟襲

邁拉遜 甯古塔滿洲烏槍護軍校委章京從征金川進攻勒吉爾博碉寨陣亡卹贈子永福襲

德 烏拉滿洲披甲委官從征金川陣亡卹贈襲次已完給恩騎尉世襲罔替元孫嘎普山襲

善泰 甯古塔滿洲領催從征金川陣亡

恩騎尉世襲罔替族曾孫額爾森保襲故族曾孫成保襲故族元孫額勒金佈襲革現缺未襲

依保 甯古塔滿洲領催委章京從征金川攻木思噶克了

阿奇 吉林滿洲驍騎校委防禦從征準噶爾陣亡卹贈雲騎尉子蘇欽保襲退孫依清阿襲故襲次已完給恩騎尉世襲罔替曾孫色通額襲故元孫

吉林通志卷一百九

烏斯泰 甯古塔滿洲領催出征準噶爾陣亡卹贈子劉保佳襲故孫德保襲革雲騎尉襲次已完給恩騎尉世襲罔曾孫富明阿襲故元孫科普通

舒爾洪阿 滿洲藍翎驍騎校從征金川當噶陣亡卹贈子勝保襲革孫忠常襲故雲騎尉襲次已完給恩騎尉世襲罔替曾孫全成襲史館穆克

卹贈子德哩佈襲故孫烏隆阿更名烏西杭阿襲故雲騎尉襲次已完給恩騎尉世襲罔替曾孫青長襲故曾孫慶陞襲故元孫景文圖襲

富德珍

口陣亡卹贈子圖欽佈襲革次子花沙佈襲故雲騎尉襲次已完給恩騎尉世襲罔替孫烏雲泰襲故曾孫玉慶襲故元孫金陞襲

烏成額

庫克精額襲故四世孫常明襲從征陣亡五世孫德福襲

扎勒蘇 三姓陳滿洲領催委防禦從征金川陣亡卹贈子博慶阿襲故孫阿林佈襲

武襲故四世孫七十四襲故五世孫壽恩襲

德保 滿洲領催委驍騎校出征金川下巴木通陣亡卹贈子烏敦保襲

額爾金保 甯古塔滿

登布襲附傳作舒爾鴻襲

甯古塔滿洲驍騎校委防禦從征陣亡卹贈子澤奇襲故孫巴達佈襲故雲騎尉襲次已完給恩騎尉世襲罔替曾孫業登額襲故元孫王慶襲故四世孫

三姓陳滿洲藍翎領催委官從征四川陣亡䘏贈子庫克蒙額襲故孫色克呑襲故雲騎尉襲次已完給恩騎尉世襲罔替以曾孫貴成咨襲

故雲騎尉襲次已完給恩騎尉世襲罔替曾孫春恒襲故元孫全福襲現缺未襲

薩爾西

那

三姓新滿洲藍翎軍功從征金川陣亡

洲披甲委七品官從征金川攻木思丹當噶陣亡䘏贈子五十九襲故孫阿斯渾更名佛爾慶額襲故雲騎尉襲次已完給恩騎尉世襲罔替曾孫舒成襲

同樂襲

卹贈子色克金保襲故孫博雲襲故雲騎尉襲次已完給恩騎尉世襲罔替曾孫依勒杭阿襲元孫喜悅襲

塔克達

琿春那滿洲拜唐阿從征甘

蘇勒保

甯古塔滿洲披甲委驍騎校從征金川陣亡卹贈子和英阿襲革次子景福襲故雲騎尉襲次已完給恩騎尉世襲罔替孫興林襲故曾孫

肅華林寺陣亡卹贈子多明阿襲孫烏勒德科襲雲騎尉襲次已完給恩騎尉世襲罔替曾孫台喜襲

魁俊襲

和泰

甯古塔滿洲藍翎前鋒委前鋒校從征四川陣亡・卹贈子常福襲退孫蘇崇阿襲革雲騎尉襲次已完給恩騎尉世襲罔替曾孫

嘉慶朝

倭新保 琿春滿洲防禦從征四川陣亡卹贈子達洪阿襲故次子哈新呼達襲故雲騎尉襲次已完給恩騎尉世襲罔替曾孫金奎

富淩德 琿春滿洲驍騎校從征陣亡卹贈子五十五襲故孫托精阿襲故雲騎尉襲次已完給恩騎尉世襲罔替曾孫恩特恆額襲

連貴 襲

更音保 吉林滿洲花翎佐領委參領從征四川陣亡卹贈子那拉哈襲故孫富勒和襲故雲騎尉襲次已完給恩騎世襲罔替曾孫

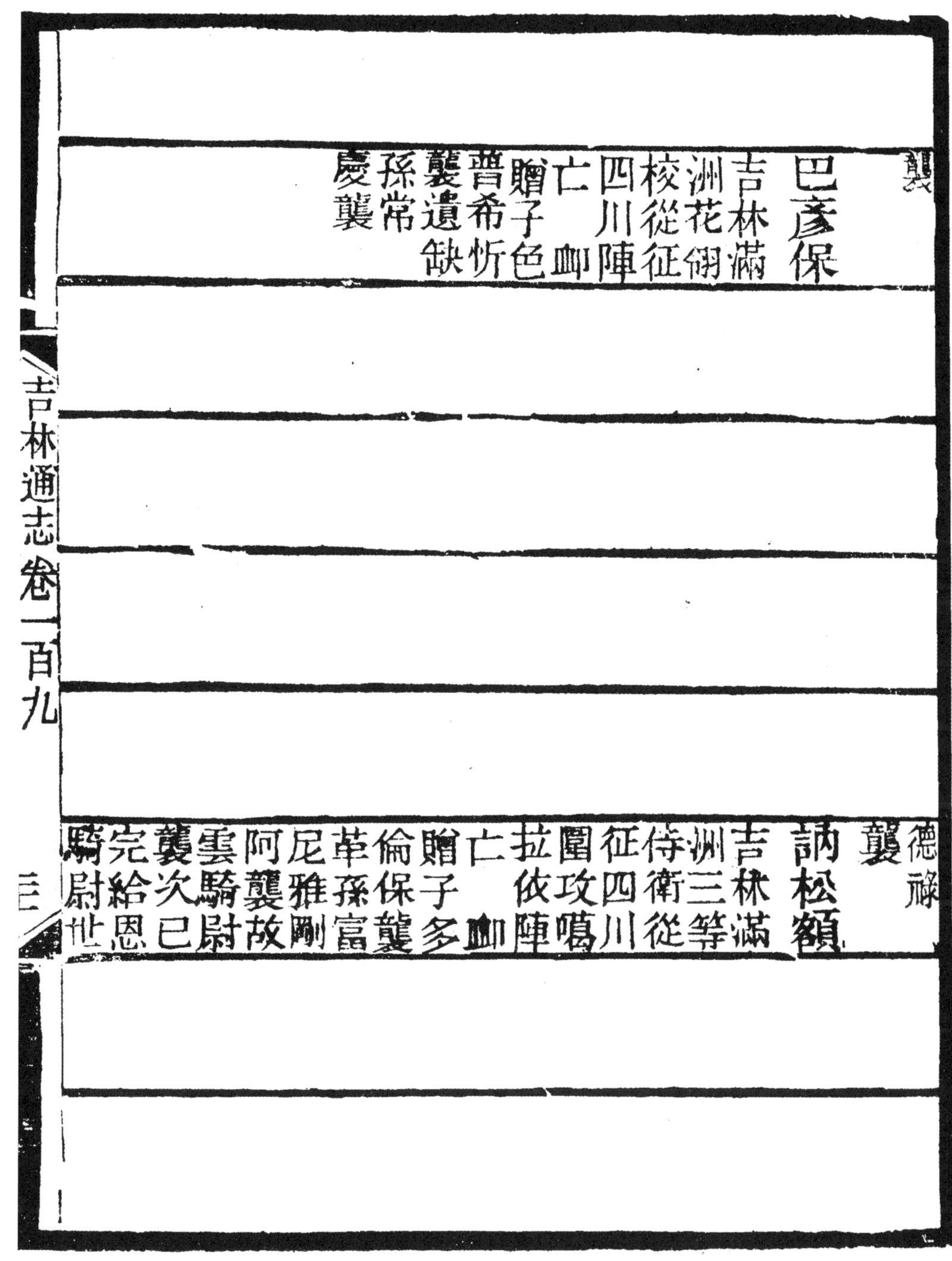
襲

巴彥保
吉林滿洲花翎校從征四川陣亡䘏贈子色晉希忻襲遺缺孫常慶襲

吉林通志卷一百九　三

德祿
襲

訥松額
吉林滿洲三等侍衛從征四川閭攻噶拉依陣亡䘏贈子多倫保襲革孫富尼雅剛阿襲故雲騎尉襲次已完給恩騎尉世

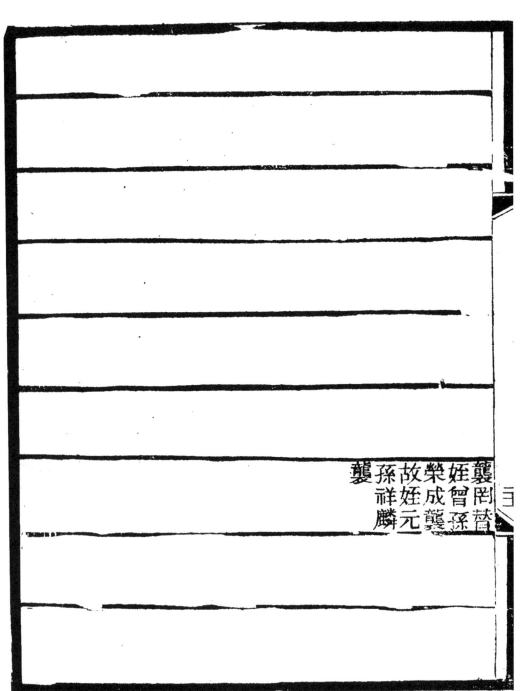

襲罔替

姪曾孫

榮成襲

故姪元

孫祥麟

襲

吉林通志卷一百十

人物志三十九　世職表二

雲騎尉

吉林　烏拉　伊通　額穆赫索羅　五常堡附

咸豐元年
鑲黃旗
正黃旗
正白旗
鑲白旗
正紅旗
鑲紅旗
正藍旗　杜陞阿　滿洲領催委驍騎校從征直隸陣亡卹贈子玉喜襲
鑲藍旗

吉林通志卷一百十

二年

勝福　滿洲藍翎拔甲，從征江南傷亡，卹贈姪奚崑襲。

慶順　鄂穆赫索羅滿洲，六品藍翎領催，從征河南陣亡，卹贈子恩車恒額襲。

德恒　滿洲六品軍功拔甲委官，從征江蘇六合縣陣亡，卹贈子全魁襲。

佟春　滿洲七品頂戴拔甲委官，從征江南陣亡，卹贈子連忠阿襲。

春全　滿洲六品軍功拔甲，從征山東濟甯州陣亡，卹贈弟春奎襲，故姪桂雙襲。

恩特恒額　滿洲六品藍翎拔甲，從征湖北黃梅縣陣

揚陞 鄂穆赫索羅滿洲六品軍功拔甲從征江蘇六合縣陣亡卹贈子春慶襲故孫英海襲

明福 滿洲六品頂戴披甲從征江蘇六合縣陣亡卹贈子和興阿襲

開林 鄂穆赫索羅滿洲六品藍翎領催從

尚福 滿洲驍騎校從征安徽桐城縣陣亡卹贈子訥通阿襲

亡卹贈子永祥襲

關福 滿洲藍翎拔甲委驍騎校從征湖北黃梅縣陣亡卹贈子常春襲

常明 滿洲藍翎披甲從征江蘇六合縣陣

三年

特依松

全和 滿洲

征江蘇丹陽縣陣亡卹贈全陞姪襲

阿林

鄂穆赫索羅滿洲六品藍翎披甲從征河南陣亡卹贈孫承英襲故曾孫魁昌襲

雅哩哈

富音保

滿洲藍翎領委營總從征江南陣亡卹贈孫常祿襲

訥欽泰

依成額

崇山 滿洲

亡卹贈子克蒙額襲

依興阿

額 滿洲防禦委參領從征歿於軍卹贈子索慶襲故孫志文襲

前鋒委驍騎校從征山西平陽府陣亡卹贈子常祥襲

雙凌 鄂穆赫索羅 滿洲六品軍功披甲從征直隸天津府陣亡卹贈子全有襲

滿洲藍翎披甲從征安徽潛山縣陣亡卹贈子明魁襲

永福 滿洲藍翎披甲從征安徽潛山縣陣亡卹贈子連德襲

八十九 滿洲七品頂戴披甲從征河南陣亡卹贈子運喜襲

魁成 滿洲七品頂戴披甲從征河南陣亡卹贈子富慶襲

富爾松 滿洲佐領委參領從征直隸陣亡卹贈子克勤襲故孫祥順襲

德楞額 滿洲世襲雲騎尉委參領從征陣亡卹贈子成林襲故子英

六品頂戴披甲從征江蘇揚州府陣亡卹贈子果權襲

常春 滿洲披甲委官從征江蘇揚州府陣亡卹贈子貴慶襲

春福 滿洲

滿洲領催委驍騎校從征直隸陣亡卹贈孫常山襲

薩隆阿 滿洲六品軍功披甲從征陣亡卹贈孫魁和襲

永喜 滿洲

德全鄂穆赫索羅滿洲六品藍翎披甲從征湖北雲夢縣陣亡卹贈姪貴陞襲

永海鄂穆赫索羅滿洲披甲委官從征山東陣亡卹贈

滿洲藍翎披甲從征安徽潛山縣陣亡卹贈姪全喜襲

祿全滿洲花翎委官從征浙江陣亡卹贈子永慶襲故孫魁壽襲

豐紳滿洲

阿滿洲六品軍功披甲從征陣亡卹贈子貴春襲

清海滿洲六品軍功披甲從征陣亡卹贈孫和順襲

烏勒滾泰滿洲驍騎

林襲

烏勒西蘇滿洲前鋒委防禦從征陣亡卹贈子隆貴襲故孫德喜襲

巴揚阿滿洲領催委防禦從征直隸天

藍翎披甲從征安徽桐城縣陣亡卹贈子英山襲

六品軍功披甲從征陣亡卹贈孫鳳和襲

德陞阿滿洲領催委驍騎校從征陣亡卹贈子永陞襲

額勒錦蒙古六品頂戴

弟智恆襲故姪承元襲

英安鄂穆赫索羅滿洲六品藍翎披甲從征直隸天津府陣亡卹贈姪春魁襲故從孫海林襲

斌成鄂穆

花翎披甲委驍騎校從征安徽桐城縣陣亡卹贈孫常春襲

校從征河南陣亡卹贈子德亮襲故孫海春襲

津府陣亡卹贈孫玉陞襲

蘇隆阿滿洲六品軍功從征陣亡卹贈孫海明阿襲

德克吉科蒙古披甲委驍騎校從征陣亡卹贈子

披甲從征陣亡卹贈子全安襲

赫索羅滿洲花翎披甲從征直隸天津府陣亡卹贈姪喜昌阿襲故從孫德恒襲

博爾精阿襲故孫祥吉襲

四年

興福滿洲領催委驍騎校從征山東高唐州陣亡卹贈

慶壽滿洲前鋒委前鋒校從征山西曲沃縣陣亡卹贈

和順滿洲領催委防禦從征山西平陽府陣亡卹贈子

海隆阿滿洲藍翎披甲從征河南陣亡卹贈姪奎林

舒興阿滿洲六品軍功披甲從征山東高唐州陣亡

倭西洪滿洲額披甲委官從征直隸靜海縣陣亡

德陞滿洲披甲委官從征陣亡卹贈子文慶襲

子奎明襲　薩雲陳漢軍藍翎披甲從征河南陣亡卹贈子慶桂襲　德亮陳漢軍六品軍功領催從征直隸靜海縣陣亡卹贈孫文俊襲故

子成惠襲故孫恩魁襲　繼成鳥槍營七品頂戴披甲從征直隸靜海縣陣亡卹贈姪梧林襲

景春襲故孫喜常襲　霍隆武滿洲驍騎校從征直隸靜海縣陣亡卹贈子全陞襲故孫常榜保襲　依璺佈滿洲披甲委官

襲　富忠阿滿洲六品軍功披甲從征江蘇六合縣陣亡卹贈孫貴志襲

卹贈孫花連佈襲

卹贈子永恰佈襲　扎克丹保蒙古鑲白旗佐領從征山東高唐州陣亡卹贈子吉慶襲故孫德永襲　曾祿蒙古六品軍功披甲

和明滿洲披甲從征江蘇儀徵縣陣亡卹贈子富隆阿襲　永福滿洲驍騎校從征山東高唐州陣亡卹贈子倭新佈襲

現缺未襲

德福 鳥槍營六品軍功披甲從征直隸靜海縣陣亡贈卹孫祥文襲

從征直隸靜海縣陣亡贈卹子勝春襲

魁林 滿洲藍翎披甲從征江蘇六合縣陣亡贈卹姪祥貴襲

從征直隸靜海縣陣亡贈卹子景貫襲

吉春 蒙古六品軍功拔甲從征直隸靜海縣陣亡贈卹姪魁山襲

春德 滿洲佐領委營總從

五年

舒倫滿洲

常政滿洲

永魁滿洲

雙海鳥槍

富勒和

征山東高唐州陣亡卹贈子倭興阿襲故常貴襲

成祿滿洲佐領委營總從征河南懷慶府陣亡卹贈子托佛洪阿襲

喜德滿洲

藍翎領催委防繕從征歿於軍卹贈子連奎襲

六德 陳漢軍領催委官從征陣亡卹贈子得勝襲革末襲

六品頂戴披甲從征安徽廬州府陣亡卹贈從孫雙全襲

珠隆阿 滿洲六品軍功披甲從征河南陣亡卹贈子魁陞襲

珠爾剛

六品軍功披甲從征直隸靜海縣陣亡卹贈子德陞襲

索慶 滿洲防禦從征江蘇六合縣陣亡卹贈子春奎襲故孫魁元襲

豐山 滿洲

營七品頂戴披甲委官從征陣亡卹贈子德魁故孫常在襲

滿洲防禦委參領從征直隸靜海縣陣亡卹贈子德林襲故子德祿襲

披甲從征陣亡卹贈子常陞襲

六年

雙壽　滿洲六品軍功披甲從征安徽亳州陣亡卹贈子三喜襲故未襲

阿鳥槍營六品頂戴披甲從征江蘇六合縣陣亡卹贈姪文棟襲

金珠勒　滿洲六品軍功披甲從征安徽廬江縣陣亡卹贈弟文永襲

協領委參領從征山東高唐州陣亡卹贈子春和襲故孫魁文襲

凌雲　滿洲披甲委筆帖式從征安徽陣亡卹贈姪松年襲

富通阿　滿洲藍翎前鋒委蘇拉章京從征江蘇六合縣陣亡卹贈子

開奇里　滿洲防禦委參領從征河南陣亡卹贈子富祿襲退孫全恆

胡忠阿　滿洲披甲從征湖北陣亡卹贈姪依隆阿襲

壯福　滿洲

故姪榮景春襲

托恩東額 滿洲驍騎校委參領從征直隸靜海縣陣亡卹贈子常祿襲

塔隆阿 蒙古七品頂戴披甲從征陣亡

松淩襲

福壽 滿洲六品藍翎披甲從征直隸靜海縣陣亡卹贈子永陞襲

明安 滿洲六品藍翎披甲從征河南陣亡卹贈子淩福

襲

依勒嘎春 滿洲披甲委官從征直隸靜海縣陣亡卹贈弟富祿襲

六品軍功披甲從征湖北廣濟縣陣亡卹贈子塔爾嘎佈襲

卹贈子海順襲

果勒明阿 滿洲驍騎校委參領從征傷亡卹贈子全祿襲故孫富珠隆阿襲

依隆阿 滿洲驍騎校委

襲

烏淩阿 滿洲六品軍功披甲從征直隸陣亡卹贈子常貴襲

貴陞 滿洲披甲委官從征河南陣亡卹贈弟訥隆阿襲

防禦從征直隸靜海縣陣亡卹贈子成永襲故孫富山襲

七年

隆德 滿洲 藍翎卽補驍騎校委參領從征陣亡卹贈子烏什杭阿襲故孫峻昌襲

德敏 滿洲 六品頂戴披甲從征安徽桐城縣陣亡卹贈子瑞亮襲

常海 滿洲

托永阿 滿洲六品頂戴披甲從征江蘇江甯府陣亡卹贈子德雲襲故孫富紳襲

阿克達春 滿洲 藍翎儘先驍騎校委筆帖式從征安徽桐城縣陣亡卹贈子和爾

普福 滿洲 藍翎前鋒從征傷亡卹贈子文魁襲

富和 滿洲 藍翎領催從征

常德 烏槍營花翎佐領卽補參領委營總從征安徽陣亡卹贈子慶祥襲故孫春祿襲

慶順 滿洲 藍翎披甲從征安徽桐城縣陣亡卹贈子和祿襲故孫英祥襲

慶德 滿洲 披甲從征湖北傷亡卹贈孫魁山襲

永全 滿洲 領催從征湖北

錫林滿洲六品軍功披甲從征安徽桐城縣陣亡卹贈弟錫智襲從征陣亡姪景昌襲　**依蘭保**滿洲藍翎披甲從征湖北黃梅縣陣亡卹贈

六品頂戴披甲從征江蘇六合縣陣亡卹贈子安平襲　**安平**滿洲領催委官從征安徽潁州府陣亡卹贈孫春祥襲　**賡音佈**

達春滿洲領催委驍騎校從征陣亡卹贈弟佟春襲故姪滿昌襲　**春壽**滿洲藍翎披甲從征陣亡卹贈弟春祿襲故姪喜淩襲

蘇襲故子連福襲　**和錦**蒙古藍翎領催從征山東陣亡卹贈子德圖山襲革孫成喜襲　**保明**滿洲花翎佐領委營總從征安徽桐

陣亡卹贈子魁祥襲　**西忠阿**滿洲藍翎披甲從征陣亡卹贈姪成貴襲　**全祿**滿洲六品藍翎披甲從征陣亡卹贈弟全毓襲

賡音佈滿洲藍翎披甲委筆帖式從征安徽潁州府陣亡卹贈子明泰襲　**海山**滿洲披甲委官從征江蘇徐州府陣亡卹贈姪富

慶福滿洲六品藍翎披甲從征湖北陣亡卹贈子喜隆阿襲

黃岡縣陣亡卹贈子豐春襲　**雙福**滿洲藍翎披甲從征河南陣亡卹贈弟成福襲　**依淩阿**滿洲披甲委官從征江蘇六合縣陣亡卹贈

子三全襲故来襲

倭西佈 滿洲六品軍功披甲從征河南陣亡卹贈子海齡襲

薩凌阿 滿洲藍翎披甲從征陣亡卹

滿洲藍翎披甲從征河南固始縣陣亡卹贈子依常阿襲

全祿 滿洲六品軍功披甲從征安徽亳州陣亡卹贈子德春襲

關保 滿洲

明陞 鄂穆赫索羅滿洲六品藍翎披甲從征陝西同州府陣亡卹贈子慶魁襲

城縣陣亡卹贈子春淩襲故孫壽昌襲

德連 滿洲甯古塔協領從征湖北黃梅縣陣亡卹贈子安福襲故孫英林襲

勒吉揚阿襲

常喜 滿洲藍翎披甲從征江南陣亡卹贈子金珠勒襲

常海 滿洲藍翎披甲從征安徽頴州府陣亡卹贈子凌全襲

弟薩凌阿襲故弟依鏗額襲

凱青阿 滿洲藍翎披甲從征湖北陣亡卹贈弟連福襲

永福 滿洲藍翎領催委參領從征山東高

贈子奇車佈襲

達春　滿洲藍翎披甲從征陣亡卹贈弟喜陞襲故姪富常襲

富成阿　蒙古藍翎儘先驍騎校領催委官從征山東臨

藍翎披甲從征河南陣亡卹贈子富夌阿襲故孫常連襲

榮泰　烏槍營藍翎領催委驍騎校從征湖北陣亡卹贈子祥順襲

穆精阿

英喜　滿洲藍翎卽補驍騎校從征江南陣亡卹贈姪全陞襲

祥瑞　烏槍營花翎卽補驍騎校披甲從征安徽傷亡卹贈姪富明襲故

唐州陣亡卹贈孫榮和襲

永林　滿洲藍翎披甲從征湖北陣亡卹贈子淩順襲

雙明　滿洲領催委防禦從征陣亡卹贈孫德新襲

清州陣亡卹贈子慶喜襲

德祿 鳥槍營七品軍功披甲從征安徽頴州府陣亡卹贈子雙慶襲

成和 鳥槍營藍翎披甲從征河南固始縣

鳥槍營六品藍翎披甲從征江南陣亡卹贈子吉昌襲

姪孫常陞襲

富永 鳥槍營六品軍功披甲從征安徽陣亡卹贈孫德全襲

德喜 蒙古藍翎披甲從征安徽頴州府陣亡卹贈子海隆阿襲

成德 鳥槍營藍翎委驍騎校從征河南陣亡卹贈連喜襲

陣亡卹贈子德山襲

慶海烏槍營六品頂戴拔甲從征湖北黃岡縣陣亡卹贈孫文和襲

八年

奇勇滿洲花翎防禦儘先佐領委參領從征陣亡卹贈子烏爾恭額襲

春永滿洲六品藍翎拔甲委驍騎校從征湖北陣亡卹贈子當山襲

安福鄂穆赫索羅滿洲花翎領催委參領從征安徽陣亡卹贈姪惠福

永成滿洲驍騎校委參領從征直隸陣亡卹贈子德陞阿襲

成順滿洲六品軍功拔甲從征河南固始縣陣亡卹贈子魁陞襲

永德滿洲六品軍功拔甲從征湖北麻城縣陣亡卹贈孫吉順襲

阿昌阿滿洲佐領世襲騎都尉委營總從征安徽陣亡卹贈子德俊

德楞額滿洲儘先防禦領催從征安徽桐城縣陣亡卹贈子連慶襲

富順 滿洲六品藍領披甲從征江南浦口陣亡卹贈孫富陞襲

恩貴 滿洲六品軍功披甲從征江南浦口陣亡卹贈弟慶祥襲

舒林 滿洲藍翎領催從征安徽陣亡卹贈孫慶常襲

春壽 滿洲藍翎披甲從征江蘇六合縣陣亡卹贈子德順襲

富壽 蒙古

襲

三成 滿洲藍翎披甲從征陣亡卹贈子奇常阿襲

慶昌 滿洲五品藍翎披甲委驍騎校從征河南陣亡卹贈弟三福襲革

朱隆阿 滿洲驍騎校委參領從征陣亡卹贈子豐紳襲

榮山 滿洲六品藍翎披甲從征陣亡卹贈子奇克唐阿襲

德淩阿 滿洲藍翎前鋒從征陣亡卹贈子雙成襲

德貴 滿洲藍翎披甲從征安徽太湖縣陣亡卹贈子富員阿襲

富壽 滿洲

明陞 滿洲藍翎披甲從征山東陣亡卹贈子穆興額襲

明林 蒙古藍翎儘先驍騎校領催從征江南陣亡卹贈子德精額襲

富山 蒙古

襲

隆泰 滿洲儘先驍騎校披甲從征河南陣亡卹贈子依淩阿襲

賽沙楚喀 滿洲世襲雲騎尉委參領從征直隸天津

故孫貴英阿襲

德昌 滿洲六品藍翎披甲從征江南浦口陣亡卹贈子文全襲

全陞 滿洲六品藍翎披甲從征江南浦口陣亡卹贈子

雙福滿洲藍翎門補驍騎校前鋒委官從征河南陣亡卹贈子全和襲　穆春滿洲藍翎披甲委官從征江蘇六合縣陣亡卹贈子德常襲

六品頂戴領催從征江南陣亡卹贈子德山襲

姪雙魁襲　貴慶滿洲藍翎披甲從征江蘇六合縣陣亡卹贈子富陞襲　富全蒙古六品頂戴披甲從征江南浦口陣亡卹贈子

和順滿洲藍翎披甲從征安徽桐城縣陣亡卹贈姪景昌襲故姪景源襲　恩恒烏槍營藍翎披甲從征湖北廣濟縣陣亡卹贈子

六品軍功披甲從征江蘇六合縣陣亡卹贈子俊林襲　和順滿洲藍翎披甲從征陣亡卹贈子全永襲　烏勒興阿蒙古藍翎

六品藍翎披甲從征江南陣亡卹贈子玉陞襲　勝喜烏槍營六品軍功披甲從征江南陣亡卹贈姪鳳德襲　何昌烏槍

府陣亡卹贈子舒勒訥襲　常順滿洲六品藍翎披甲從征安徽陣亡卹贈弟常德襲　明貴滿洲六品軍功披甲從征江蘇六合

滿壽襲　喜春滿洲藍翎披甲從征河南固始縣陣亡卹贈孫富春襲　薩明阿滿洲七品軍功披甲從征陣亡卹贈姪毓林

德淩滿洲藍翎披甲從征河南陣陣亡卹贈子哈普青阿襲祿有蒙古藍翎卽補驍騎校披甲從征江蘇六合縣陣亡卹贈子貴春

依克錦佈襲故孫塔豐阿襲

速喜襲劉順烏槍營披甲委官從征安徽陣亡卹贈堂姪承惠襲

前鋒校從征江南浦口陣亡卹贈子依克吉佈襲

營六品軍功披甲從征安徽陣亡卹贈從姪德楞額襲雙福烏槍營六品軍功披甲從征安徽陣亡卹贈子海興襲

縣陣亡卹贈子雙林襲富祥滿洲四品花翎披甲從征甘肅甯夏府陣亡卹贈子喜亮襲故孫德淩阿襲滿壽滿洲六品藍翎披甲

襲魁順滿洲藍翎披甲從征河南陣亡卹贈子闕海襲故孫祥瑞襲

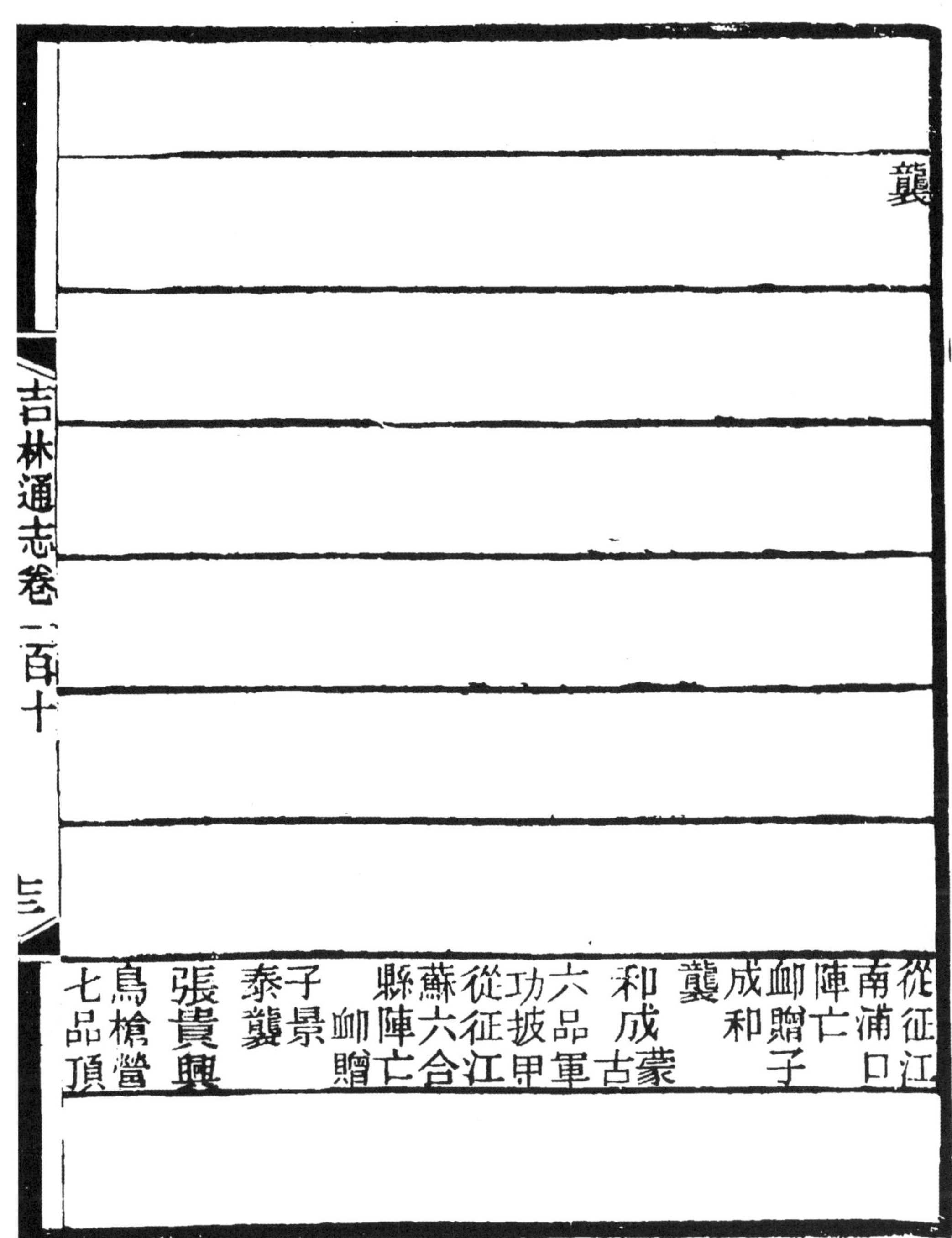

襲

從征江
南浦口
陣亡
卹贈子
成和
襲
和成蒙
古
六品軍
功披甲
從征江
蘇六合
縣陣亡
卹贈
子景
泰襲
張貴興
鳥槍營
七品頂

九年

達薩春 滿洲花翎郎補

常明 滿洲 世襲恩騎尉官

富魁 滿洲 藍翎領催從征

薩錦 烏槍營藍翎驍騎校

雙壽 滿洲 藍翎前鋒從征

順福 滿洲 藍翎領催委防

德慶 滿洲 藍翎披甲從征　戴披甲從征山東陣亡卹贈子貴恒襲

永慶 蒙古 官漢軍鑲黃旗佐領從征陣亡卹贈子德安襲

慶山 滿洲 六品軍功披甲

驍騎校披甲從征陣亡卹贈姪雙齡襲

托克吞滿洲披甲委官從征河南陣亡卹贈子金海襲

順喜滿洲藍翎儘先驍騎

驍騎校委參領從征河南朱仙鎮陣亡卹贈子德慶襲

魁全滿洲藍翎儘先即補驍騎校從征江蘇六合縣陣亡卹贈子景春襲故孫全瑞襲

江蘇六合縣陣亡卹贈子全林襲

永壽滿洲六品頂戴披甲從征江蘇六合縣陣亡卹贈子連貴襲

依薩佈滿洲藍翎前鋒

委參領從征江蘇六合縣陣亡卹贈子慶春襲

慶福烏槍營藍翎披甲委筆帖式從征甘肅陣亡卹贈姪舒淩阿襲故孫倭克錦佈襲

傷亡卹贈子連成襲

關德滿洲六品軍功披甲從征江蘇六合縣陣亡卹贈姪德春襲故孫常安襲

喜陞滿洲六品軍功披甲

欒從征河南固始縣陣亡卹贈子英林襲

花尙阿滿洲藍翎披甲從征河南陣亡卹贈姪德積襲

慶喜滿洲藍翎即補驍騎

江蘇六合縣陣亡卹贈子春全襲

金山滿洲六品軍功披甲從征江蘇六合縣陣亡卹贈子全海襲

成羣滿洲藍翎披甲從征

從征江蘇六合縣陣亡卹贈未襲

五福滿洲藍翎披甲委驍騎校從征陣亡卹贈子瑞祥襲

阿成阿蒙古領催委驍

校從征江蘇六合縣陣亡卹贈子雙泰襲故未襲

哈普青阿陳漢軍六品軍功披甲從征江蘇六合縣陣亡卹贈孫永順襲

春德滿洲藍翎六品頂戴披甲從征湖北麻城縣陣亡卹贈弟全祥襲

石成滿洲藍翎六品頂戴披甲從征安徽盱眙縣陣亡卹贈子毓昇襲

從征江蘇六合縣陣亡卹贈子恩海襲

音德佈滿洲藍翎儘先驍騎校從征江蘇江甯府陣亡卹贈子恩和襲

常順滿洲

德明滿洲藍翎披甲從征安徽太湖縣陣亡卹贈姪常連襲故孫吉勒圖堪襲

恩特恆額滿洲藍翎披甲從征江蘇徐州府陣亡

從征江蘇六合縣陣亡卹贈姪成林襲

德福滿洲六品軍功披甲從征江蘇六合縣陣亡卹贈姪春喜襲

德林滿洲六品頂戴披甲

校披甲委筆帖式從征陝西定邊縣陣亡卹贈子八十襲

西隆阿滿洲六品軍功披甲從征陝西定邊縣陣亡卹贈子富興襲

景福滿洲

安徽陣亡卹贈子玉慶襲

常惠滿洲驍騎校委參領從征山東陣亡卹贈子安祿襲故孫豐紳襲

保貴滿洲藍翎披甲從征江蘇六合縣陣

騎校從征陣亡卹贈子春明襲

霍隆阿陳漢軍六品軍功披甲從征江蘇六合縣陣亡卹贈孫常福襲　魁海陳漢軍六品軍功披甲從征江蘇六合縣陣亡卹

永海滿洲六品軍功披甲從征江南浦口陣亡卹贈從弟永貴襲　景興滿洲六品軍功披甲從征江蘇六合縣陣亡卹贈從弟春和襲革

藍翎披甲從征江蘇六合縣陣亡卹贈弟富連襲　春福滿洲藍翎披甲從征江蘇六合縣陣亡卹贈弟春魁襲　順福滿洲

卹贈子連德襲故孫貴昌襲　常春滿洲藍翎披甲從征江蘇六合縣陣亡卹贈弟常喜襲

從征江蘇六合縣陣亡卹贈子和慶襲　全保滿洲藍翎披甲從征江蘇六合縣陣亡卹贈子青山襲故孫台祥襲　德明櫆鳥

藍翎披甲從征安徽潛山縣陣亡卹贈姪喜林襲　成泰滿洲花翎披甲從征安徽潛山縣陣亡卹贈子鳥清泰襲　慶祿滿洲

亡卹贈子阿林佈襲　富森佈滿洲儘先驍騎校披甲委筆帖式從征江蘇六合縣陣亡卹贈子永祥襲　艾新保滿洲六品藍翎

贈姪石成襲

德安烏槍營藍翎披甲從征安徽宿松縣傷亡卹贈姪胡連襲革連孫成從襲林

從姪文興襲

常明滿洲六品藍翎披甲從征江蘇六合縣陣亡卹贈子連春襲

依朗阿滿洲六品頂戴披甲委驍騎校從征陣亡卹

六品頂戴披甲從征江蘇六合縣陣亡卹贈弟勝福襲故孫胡陞阿襲

鳳山滿洲六品頂戴披甲從征江蘇六合縣陣亡卹贈姪成蔭襲

營藍翎披甲從征陣亡卹贈子勝貴襲

富魁烏槍營六品軍功披甲從征江蘇六合縣陣亡卹贈子成顯襲

藍翎領催委驍騎校從征江蘇六合縣陣亡卹贈姪德平阿襲

保陞滿洲六品軍功披甲從征江蘇六合縣陣亡卹贈弟保恆襲

披甲從征江蘇六合縣陣亡卹贈子同慶襲故孫依淩阿襲

贈子德林襲

富慶　滿洲藍翎即補驍騎校委官從征江南浦口陣亡卹贈子勝全襲

富喜　蒙古六品頂戴披甲從征江蘇六合縣陣亡卹贈

德喜　滿洲花翎儘先驍騎校從征山東陣亡卹贈子慶順襲

額勒德恩　滿洲六品頂戴披甲從征陣亡卹贈姪成海襲

凌春　滿洲藍翎前鋒從征江蘇六合縣陣亡卹贈子訥蘇肯襲

盛福　滿洲六品軍功披甲從征江蘇六合縣陣亡卹贈子察祿襲

子德慶襲

永陞 滿洲藍翎披甲從征江南浦口陣亡卹贈子恆福襲

富魁 滿洲藍翎披甲從征江蘇六合縣陣亡卹贈姪全貴襲

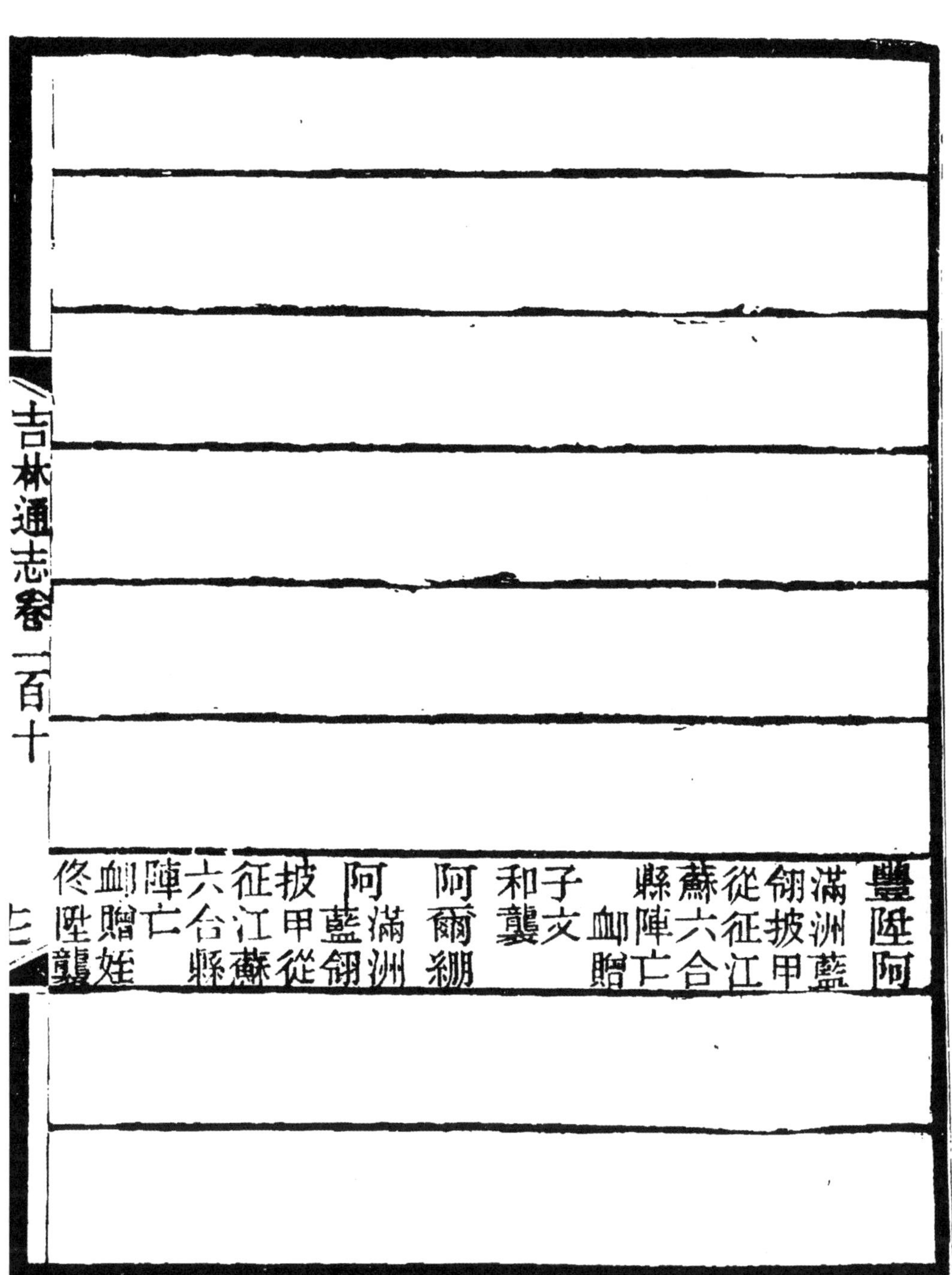

吉林通志卷一百十 上

豐陞阿 滿洲藍翎披甲從征江蘇六合縣陣亡卹贈 子文和襲

阿爾綳

阿 滿洲藍翎披甲從征江蘇六合縣陣亡卹贈姪佟陞襲

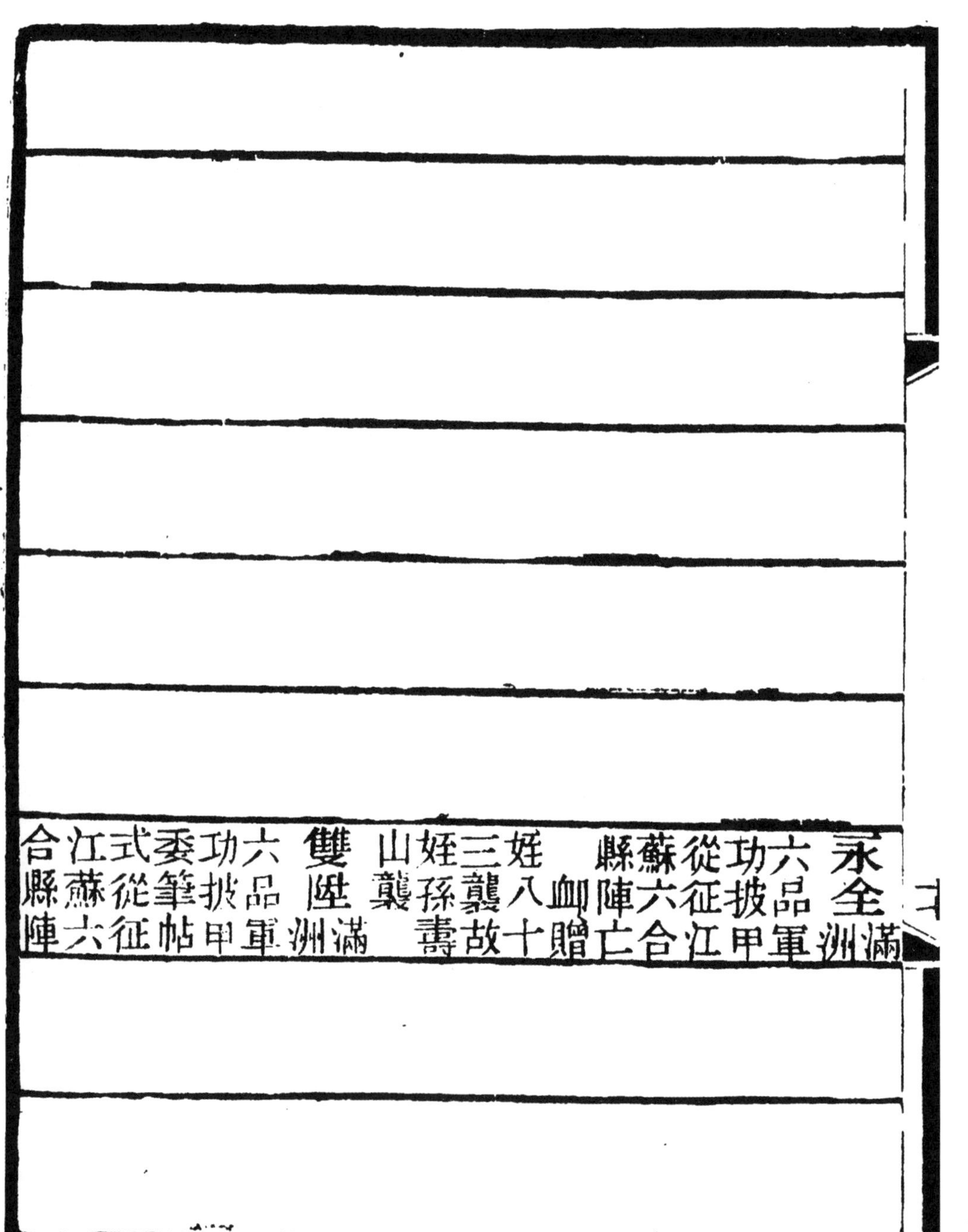

永六功從蘇縣　娙三娙　山　雙　六功委式江合
全品拔征六陣卹八襲孫襲　壓　品拔筆從蘇縣
滿洲軍甲江合亡贈十故壽　滿洲軍甲帖征六陣

十年

三吉滿洲驍騎校委參領

常祿滿洲藍翎補用驍騎

全永滿洲藍翎前鋒委防

和廉滿洲入都京正黃旗

德凌滿洲藍翎驍騎校從

亡卹贈子勝恩襲故孫明泰襲

闞海滿洲六品軍功披甲從征江蘇六合縣陣亡卹贈姪春陞襲

德林滿洲世襲雲騎尉委

霍永武滿洲藍翎披甲

貴當阿滿洲六品頂戴

從征山東陣亡卹贈子松林襲
德陞蒙古披甲委驍騎校從征安徽陣亡卹贈子喜林襲
貴喜陳漢軍披甲從征山

校從征江蘇徐州府歇馬亭陣亡卹贈子永輝襲
喜春滿洲八品蔭生委防禦從征江蘇桃源縣陣亡卹贈子海明襲革未襲

禦從征陣亡卹贈子雙和襲
常壽滿洲藍翎披甲從征江南陣亡卹贈弟常喜襲
保山滿洲六品頂戴披甲從征安徽頴州府陣亡卹贈

滿洲委護軍參領從征陣亡卹贈子來陞襲故姪魁山襲
常青滿洲六品藍翎披甲從征江蘇揚州府陣亡卹贈姪吉陞襲
德昌滿洲

征江蘇丹陽縣陣亡卹贈弟德成襲
托克托佈蒙古六品軍功披甲從征陣亡卹贈子慶喜襲

參領從征山東陣亡卹贈弟德恩襲
果全滿洲花翎驍騎校委參領庫奇勒巴圖魯從征陣亡卹贈子西隆阿襲
榮祥滿洲

委防禦從征河南陣亡卹贈子榮林襲故孫和興阿襲
全慶滿洲藍翎披甲從征河南陣亡卹贈子穆啟顯襲
依凌額滿洲六品軍功

披甲從征江南陣亡卹贈子恩祿襲
恩成額滿洲六品軍功披甲從征江蘇六合縣陣亡卹贈弟恩忠額襲
百唐阿

東陣亡卹贈姪連貴襲 三慶陳漢軍藍翎五品頂戴儘先驍騎校披甲委官從征河南陣亡卹贈子榮祥襲 雙福陳漢軍藍翎領催委

成德滿洲藍翎披甲從征江蘇徐州府陣亡卹贈孫富全襲故曾孫恩常襲 巴順滿洲藍翎披甲從征河南陣亡卹贈子魁林襲從

子全泰襲 松淩滿洲藍翎披甲從征安徽定遠縣陣亡卹贈子全吉襲 勝德滿洲花翎儘先驍騎校從征安徽滁州陣亡卹贈

花翎前鋒從征江南陣亡卹贈從弟德春襲 富淩德滿洲六品藍翎披甲從征安徽太湖縣陣亡卹贈姪雙貴襲 常陞烏槍營披甲委官從

六品軍功披甲從征山東陣亡卹贈子連貴襲 春壽滿洲七品軍功披甲從征山東陣亡卹贈姪佟陞襲 富新蒙古

披甲從征江蘇六合縣陣亡卹贈子恆勳襲 保山滿洲前鋒委參領從征江蘇丹陽縣陣亡卹贈子雙全襲

滿洲藍翎披甲從征安徽定遠縣陣亡卹贈□吉爾嘎佈襲 魁壽滿洲藍翎披甲從征江南浦口陣亡卹贈子和連襲 春喜滿洲

防禦從征山東東平州陣亡卹贈從弟蔭德襲

富山 鳥槍營藍翎披甲從征安徽潛山縣陣亡卹贈子明顯襲故孫扎隆阿襲

征陣亡孫富春襲

常陞 滿洲 藍翎儘先防禦領催從征安徽陣亡卹贈子德永襲故孫哲克棟額襲

壽常 蒙古 花翎即補驍騎

弟七德襲

富陞 滿洲 藍翎披甲從征江蘇六合縣陣亡卹贈子全壽襲

征陣亡卹贈姪九金襲

花翎領催委防禦從征江蘇徐州府陣亡卹贈子玉林襲

穆吉楞額 蒙古 花翎儘先驍騎校披甲從征湖北黃梅縣陣亡卹贈子德山襲

藍翎披甲從征直隸陣亡卹贈弟富祥襲

岳興阿 滿洲 花翎防禦即補協領委營總從征陣亡卹贈子春陞襲

校領催委防禦從征安徽定遠縣陣亡卹贈孫勝德襲

成福烏槍營披甲七品委官從征江蘇桃源縣陣亡卹贈子全喜襲

李振武

雙春蒙古披甲委驍騎校從征河南陣亡卹贈子祥林

鳥槍營披甲七品委官從征江蘇桃源縣陣亡卹贈姪明山襲

十一年

慶和陳漢軍藍翎驍騎校委參領從征湖北陣亡卹贈子富祥襲

富喜滿洲藍翎六品頂戴披甲從征陣亡卹贈子景貴襲

富慶鳥槍營藍翎驍騎校委參領從征江南陣亡卹贈子祥林襲

玉忠鳥槍營花翎披甲從征陝西陣亡卹贈子依凌額襲

富祥滿洲花翎驍騎校從征陣亡卹贈孫雙全襲

常順鳥槍

台興阿滿洲花翎即補協領佐領委參領從征陣亡卹贈子安慶襲

海慶鳥槍營儘先佐領從征江南浦口陣亡卹贈子德益襲

法福凌阿滿洲六品軍功披甲委驍騎校從征山東陣亡卹贈姪

巴青阿蒙古花翎即補防禦前鋒委參領從征江蘇桃源縣陣亡卹贈子雙全襲

達祿滿洲藍翎披甲委防禦從征陣亡卹贈子文琳襲

扎豐阿滿洲藍翎披甲從征江南陣亡卹贈子文增襲

六德滿洲藍翎披甲從征山東東平州陣亡卹贈子喜爾明阿襲

穆欽滿洲六品頂戴披甲從征安徽桐城縣陣亡卹贈孫四喜襲

富青阿蒙古五品花翎領催從征山東東平州陣亡卹贈子貴全襲

富連保滿洲七品頂戴披甲從征山東陣亡卹贈弟常祥襲

營花翎防禦從征江蘇六合縣陣亡卹贈子德崇阿襲

喜春滿洲披甲委筆帖式從征山東兗州府陣亡卹贈子永福襲

依鏗額滿洲藍翎驍騎校從征江蘇六合縣陣亡卹贈子維垣襲

德安襲

和順 滿洲花翎儘先驍騎校披甲委防禦從征傷亡卹贈從弟全福襲

慶海 滿洲六品軍功披甲從征陣亡卹贈子烏克松阿襲

永陞 滿洲花翎陞用防禦即補驍騎校從征山東東平州陣亡卹贈弟德喜襲

開隆阿 滿洲六品藍翎披甲從征江蘇安東縣陣亡

常山 滿洲前鋒委驍騎校從征山東陣亡卹贈子依興阿襲

全安 滿洲六品藍翎披甲從征安徽桐城縣陣亡卹贈孫富常阿襲

吉陞滿洲領催委驍騎校從征陣亡卹贈子松鶴襲

卹贈子喜慶襲

常祥滿洲七品頂戴委官從征山東陣亡卹贈子永魁襲故未襲

常貴滿洲七品頂戴披甲委官從征河南陣亡卹贈子

永明

襲

永祥

滿洲花翎即補防禦前鋒委驍騎校從征安徽臨淮關陣亡卹贈

子保成襲

音忠阿

滿洲花翎即補防禦委驍騎校

同治元年

富英阿滿洲領催委驍騎校從征山東陣亡卹贈安常子襲

春德滿洲

豐陞阿蒙古六品藍翎披甲從征河南陣亡卹贈子魁祥襲

從征江蘇徐州府陣亡卹贈子雙春襲故孫德玉襲

順福滿洲六品頂戴披甲從征陝西同州府陣亡卹贈子誠明襲

雙貴滿洲

春陞滿洲領催委驍騎校從征山東陣亡卹贈弟富海襲

占成滿洲

德淩滿洲花翎披甲從征湖北鍾祥縣陣亡卹贈姪成保襲

哈豐阿蒙古藍翎披甲從征陝西同州府陣亡卹贈堂弟成福襲

花翎即補驍騎校從征陝西陣亡卹贈弟連春襲遺缺子全和襲

喜祿　陳漢軍花翎儘先防禦從征陝西陣亡卹贈弟三福襲故姪凌雲

六品藍翎披甲從征陝西陣亡卹贈從孫春山襲

藍翎披甲從征山東陣亡卹贈弟文祿襲

德克精額　烏槍營藍翎披甲委驍騎校從征陝西陣亡卹贈子魁慶襲

達祿　滿洲

襲故未襲德昌蒙古花翎即補驍騎校領催從征陝西同州府陣亡卹贈子成慶襲

九成陳漢軍藍翎儘先驍騎校從征陝西

藍翎烏槍營鑲黃旗驍騎校從征山東陣亡卹贈子忠德襲

二年

同州府陣亡卹贈弟雙德襲故姪富貴襲

德安 陳 漢軍花翎協領銜儘先佐領從征陣亡卹贈子永福襲

永亮 陳 漢軍花翎儘先驍

恩祥 滿洲 花翎儘先驍騎校委防禦從征傷亡卹贈姪薩連襲

貴福 滿洲 藍翎拔甲委官從征湖北廣濟縣陣亡卹贈子慶壽襲

英順 滿洲 藍翎拔甲從征

峯林 滿洲 前鋒校從征陣亡卹贈子德齡襲

騎校委參領從征湖北陣亡卹贈常保姪襲蒙古盛春世襲雲騎尉卽補佐領委營總從征陝西長安縣陣亡卹贈子祿昌祿寬分襲

陝西長安縣陣亡卹贈子雙明襲故孫常喜襲

春鎖 陳漢軍花翎卽補佐領從征陣亡卹贈子烏爾恭阿襲

三年

依昌阿 滿洲防禦委參領從征傷亡卹贈子慶雲襲全順烏槍

達春 滿洲領催委驍騎校從征湖北黃岡縣陣亡卹贈子全陞襲故末

永山 滿洲藍翎披甲從征江蘇六合縣陣亡卹贈子依哩佈襲

成瓚 烏槍營花翎卽補協領委防禦從征湖北廣濟縣陣亡卹贈子祥

依陞阿 烏槍營藍翎披甲從征陣亡卹贈弟西隆阿襲

勝福 蒙古六品藍翎披甲從征湖北廣濟縣陣亡卹贈弟德春襲故姪

雙桂 滿洲七品頂戴披甲從征江南陣亡卹贈子全貴襲

營藍翎披甲從征陝西咸陽縣陣亡姪卹贈恩榮襲

胡圖淩阿　滿洲　藍翎披甲從征陣亡卹贈弟富常阿襲

襲

永順　滿洲　花翎披甲從征甘肅甯夏府陣亡卹贈弟海瑞襲

春山　滿洲　花翎披甲從征湖北襄陽府陣亡卹贈弟英

雙全　滿洲　藍翎披甲從征河南羅山縣陣亡卹贈弟雙海襲故姪成福襲

柏順　滿洲　花翎儘先驍騎校剿賊蒙古霍羅站陣亡卹

德襲故孫景林襲

忠文襲

全永　蒙古　七品軍功披甲從征傷亡卹贈弟全連襲

富喜　滿洲　花翎披甲從征河南陣亡卹贈子全陞襲

吉襲故未襲

永春 烏槍營六品藍翎披甲從征浙江杭州府陣亡卹贈子常林襲、

子子玉山襲

永連 蒙古七品軍功從征河南陣亡卹贈子喜祿襲

慶順 蒙古藍翎佐領銜即補驍騎校從征湖北陣亡卹贈子岱陞阿襲

四年

慶昌滿洲藍翎防禦委參領從征傷亡卹贈子音德和襲

春勝保滿洲領催委驍騎校從征傷亡卹贈子慶連

貴福滿洲藍翎披甲從征河南鄧州陣亡卹贈從姪賡寅襲

常德滿洲花翎儘先防禦領催委參領勦賊雙石磯陣亡

故孫長霖襲

阿克敦滿洲花翎驍騎校委防禦從征陣亡卹贈姪德豐額襲

春喜滿洲六品頂戴披甲從征河南光山縣陣亡卹贈

恒吉烏槍營六品軍功披甲從征河南魯山縣陣亡卹贈子景文襲

金陞烏拉滿洲披甲勦賊赫爾蘇站陣亡卹贈弟雙福

八十烏拉滿洲藍翎驍騎校委參領勦賊葉赫站石獺山陣亡卹贈姪憲兵襲

包明額滿洲藍翎儘先驍騎校前鋒從

八十四滿洲前鋒委驍騎校從征山東曹州府陣亡卹贈子玉順襲

德連滿洲前鋒委官從征山東曹州府陣亡卹贈弟德

凌泰烏槍營花翎即補佐領從征山東曹州府陣亡卹贈子德楞額襲

八十一滿洲花翎儘先驍騎校披甲從征湖北麻城縣

常林滿洲六品軍功披甲從征河南陣亡卹贈子德勝襲

依克唐阿蒙古藍翎披甲勦賊孤榆樹陣亡卹贈

襲

恒泰蒙古
五品頂戴卽補驍騎校從征陣亡卹贈子祿永襲

烏淩阿
陳漢軍六品軍功拔甲從征破於軍卹贈姪

子永慶福襲
襲
卹贈子連

襲

征湖北
應山縣
陣亡
卹贈子
富興
阿襲

丁春滿洲
藍翎儘先驍騎校從征山東曹州府陣亡卹贈弟春壽襲故子成山襲

祥襲故
姪穆克
登額
襲

開隆阿
滿洲花翎拔甲從征甘肅甯夏府陣亡卹贈子永陞襲

海林滿洲
花翎佐領銜卽補防禦拔甲從

陣亡
卹贈子
瑞亮
襲

奎英滿洲
藍翎拔甲從征山東陣亡卹贈子常愷襲

保成蒙古
藍翎拔甲從征江蘇徐州府陣亡卹贈姪連

姪文成
額襲

五年

雙明襲

榮祿　陳漢軍藍翎披甲從征陣亡卹贈未襲

烏當阿　滿洲花翎佐領

雅隆阿　滿洲藍翎六品

根喜　滿洲藍翎披甲從征

貴成　滿洲披甲委官從征

征甘肅平羅縣陣亡卹贈子富貴襲

富喜　滿洲領催委防禦從征河南會山縣陣亡卹贈子壽慶襲

福襲

高鳳祿　烏槍營藍翎披甲從征甘肅甯夏府陣亡卹贈子金山襲

台隆阿　滿洲六品軍功

銜郎補防禦從征湖北黄州府陣亡卹贈孫依銘襲

占德 滿洲

藍翎前鋒從征陣亡卹贈弟德慶襲

烏徵額

鳥槍營花翎儘

軍功披甲從征江南浦口陣亡卹贈子常陞襲

永壽 滿洲

花翎防禦委參領從征河南光山縣陣亡卹贈子榮祥襲

春壽 滿洲

甘肅陣亡卹贈子富興襲

保山 滿洲

驍騎校委參領勦賊赫爾蘇站陣亡卹贈子祥德襲故孫榮昌襲

河南鄧州陣亡卹贈子凌山襲

興林 滿洲

花翎儘先防禦從征陝西華陰縣陣亡卹贈子依勒通阿襲

披甲從征江蘇六合縣陣亡卹贈子安泰襲

	六年
先佐領從征傷亡卹贈子貴春襲	全陞滿洲六品軍功領催委官從征傷亡卹贈子阿昌阿襲故未襲 萬福鳥槍
驍騎校委參領從征江蘇江寧府陣亡卹贈子魁陞襲	成壽滿洲花翎儘先驍騎校委防禦從征陝西定邊縣陣亡卹贈姪常亮襲
	保全滿洲藍翎儘先驍騎校從征直隸永清縣陣亡卹贈子雙成襲
	舒林滿洲藍翎佐領從征河南傷亡卹贈子倭西佈襲 張崇鳥槍營花翎協領銜
	連陞滿洲六品藍翎拔甲從征陝西定邊縣陣亡卹贈子常貴襲 德海滿洲

營花翎儘先驍騎校從征陝西定邊縣陣亡卹贈子富爾松阿襲

郎補佐領勦賊長春陣亡卹贈子恩永襲

永青阿

滿洲六品軍功披甲從征陝西定邊縣陣亡卹贈姪富恒襲

德恒

蒙古六品軍功披甲

五品藍翎披甲委防禦從征直隸陣亡卹贈子富明阿襲

從征陝西定邊縣陣亡卹贈子開英阿襲

七年

錫智 滿洲 花翎世襲雲騎尉委參領從征直隸吳橋縣陣亡卹贈子蔭昌襲

錫文 滿洲

壽亮 滿洲 六品藍翎儘先驍騎校領催從征陝西定邊縣陣亡卹贈子喜祿襲

九成 滿洲 六品頂戴披甲從征陣亡卹贈子富春襲

雙全 滿洲 七品頂戴披甲剿賊赫爾蘇站陣亡卹贈子凌祥襲

咬柱 滿洲 藍翎披甲從征

六品軍功拔甲從征陣亡　卹贈弟錫吉琿襲勦賊陣亡未襲

蒙全興古六品藍翎拔甲從征陝西定邊縣陣亡　卹贈弟全成襲

陳明山漢

河南鄢陵縣陣亡　卹贈子英順襲

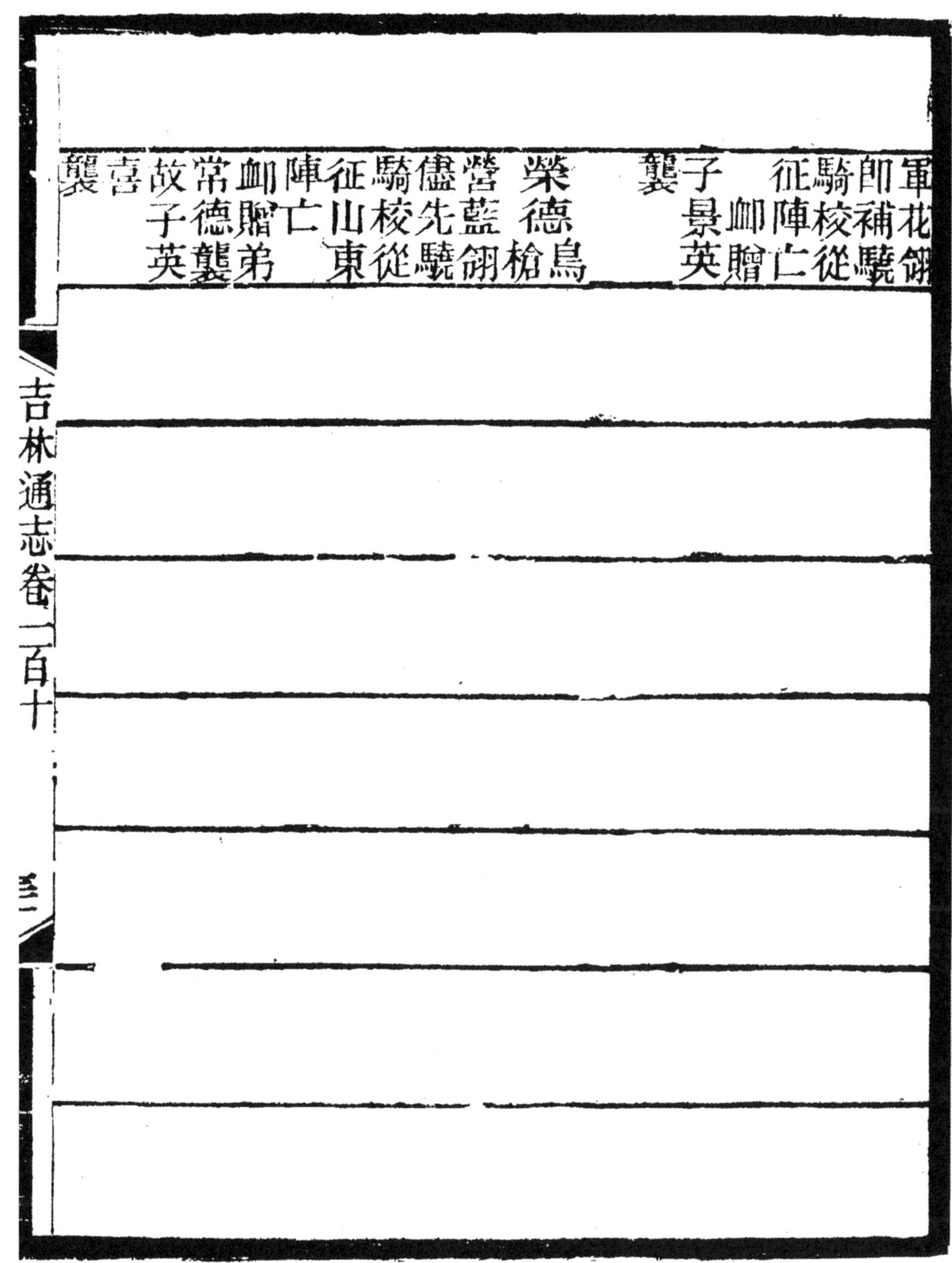

軍花翎郎補驍騎校從征陣亡卹贈子景英襲

榮德　烏槍營藍翎儘先驍騎校從征山東陣亡卹贈弟常德襲故子英喜襲

吉林通志卷一百十　三二

八年

雙明 滿洲藍翎披甲從征陣亡卹贈從姪德雲襲

魁慶 陳漢軍藍翎披甲從征陣亡卹贈姪永林襲

榮陞 滿洲披甲委驍騎校

勝祥 滿洲花翎儘先驍騎校前鋒從征甘肅陣亡卹贈子榮安襲

雙全 滿洲六品藍翎披甲從征伊犂陣亡卹贈子貴常襲

常亮 滿洲花翎儘先驍騎校前鋒委參領從征甘肅陣亡卹贈子貴陞襲

喜慶 滿洲藍翎披甲從征江蘇六合縣陣亡卹贈子恩

海淩 蒙古藍翎披甲從征甘肅陣亡卹贈弟春淩襲

九年	
佟祿滿洲前鋒委官從征陣亡卹贈弟承祿襲	從征陣亡卹贈子賚泰襲
什明阿鄂穆赫索羅滿洲驍騎校從征伊犂陣亡卹	
舒林滿洲六品藍翎披甲從征伊犂奎屯卡倫陣亡卹	
富克錦蒙古佈花翎披甲從征甘肅平涼府陣亡	和襲慶春烏槍營儘先驍騎校旗委委驍騎校從征陣亡卹贈子德貴襲
連成滿洲花翎防禦委參領從征甘肅甯夏府陣亡卹	

贈子文陞襲

贈姪鳳山襲

卹贈子哈豐阿襲

贈子清寬襲

十年

雙慶陳漢軍五品藍翎披甲委驍騎校從征陣亡卹贈子保常襲

十一年

成壽滿洲七品頂戴披甲從征陣亡卹

金順滿洲藍翎披甲從征甘肅涼州府陣

（續前）	十二年	十三年
贈子穆奇顯襲		富隆阿 蒙古六品軍功即補驍騎校從
亡卹贈子欒慶襲	和全 滿洲六品頂戴披甲從征甘肅肅州陣亡卹贈弟和平襲	
	勝祥 滿洲藍翎儘先驍騎校從征伊犂陣亡卹贈姪海青阿襲	
		永福 鳥槍營藍翎披甲從征伊犂奎屯陣

	光緒元年	二年
征陣亡卹贈子永春襲		魁福陳漢軍七品軍功拔甲本省剿賊陣
		常陞滿洲藍翎拔甲從征伊犁瑪納斯陣
		連永鳥槍營藍翎防禦記名佐領在大清
	春德滿洲六品軍功拔甲從征盛京胡家窩棚陣亡卹贈子恩全襲	
亡卹贈姪德雲襲		常喜滿洲藍翎拔甲從征伊犁沙泉陣亡

亡卹贈子德喜襲

德山陳漢軍七品軍功披甲本省勦賊陣亡卹贈姪雙吉襲

瑞慶陳漢軍藍翎披甲本省勦賊陣亡

亡卹贈孫慶雲襲

川勦賊陣亡卹贈子海陞阿襲

卹贈子魁海襲

塔青阿蒙古花翎披甲勦賊三姓色勒佛特庫站陣亡卹贈子全順襲

卹贈子景和襲

永富 五常堡滿洲領催委官勦賊堡屬二道河陣亡卹贈子吉祿襲

桂陞 五常堡漢軍領催委官勦賊堡屬二道河陣亡卹

贈子成山襲

三年

景祥　陳漢軍藍翎即補驍騎校在本省剿賊陣亡卹贈子雙壽襲

全福　鳥槍營驛站筆帖式剿賊陶賴昭站陣亡卹贈子

和喜　滿洲花翎儘先防禦領催委防禦從征伊犁瑪納斯陣亡卹贈子富隆阿襲

依淩額　滿洲六品軍功拔甲剿賊哈哈

永連　滿洲藍翎拔甲從征伊犁陣亡卹贈弟永貴襲

雙魁　蒙古藍翎六品頂戴拔甲從征伊犁瑪納斯陣亡卹贈子訥音佈襲

	四年	五年
徐次青襲		
山大河口陣亡卹贈子巴哈佈襲故孫凌春襲		保陞 滿洲
	春山 滿洲 花翎佐領勦三姓江面賊匪陣亡卹贈子四喜襲	
		全英 滿洲
		富亮 滿洲

六品軍功披甲勦賊哈哈山大河口陣亡卹贈子吉昌襲

春福　滿洲六品頂戴披甲在東山牡丹川勦賊陣亡卹贈子春瑞襲

七品頂戴披甲從征盛京昌圖賊匪陣亡卹贈孫根喜襲

花翎領催委官勦賊三姓擺渡口陣亡卹贈子文林襲

德順　滿洲花翎佐領委營總在甯古塔黑石頭勦賊陣亡卹贈子時林襲

七年	十年
	貴五戴從犂　姪錦襲 陞品披征傷血額佈 滿洲頂甲伊亡贈勒
常六翎鄉山城　子喜 春品領賊朱陣血貴襲 滿洲藍催東家亡贈	

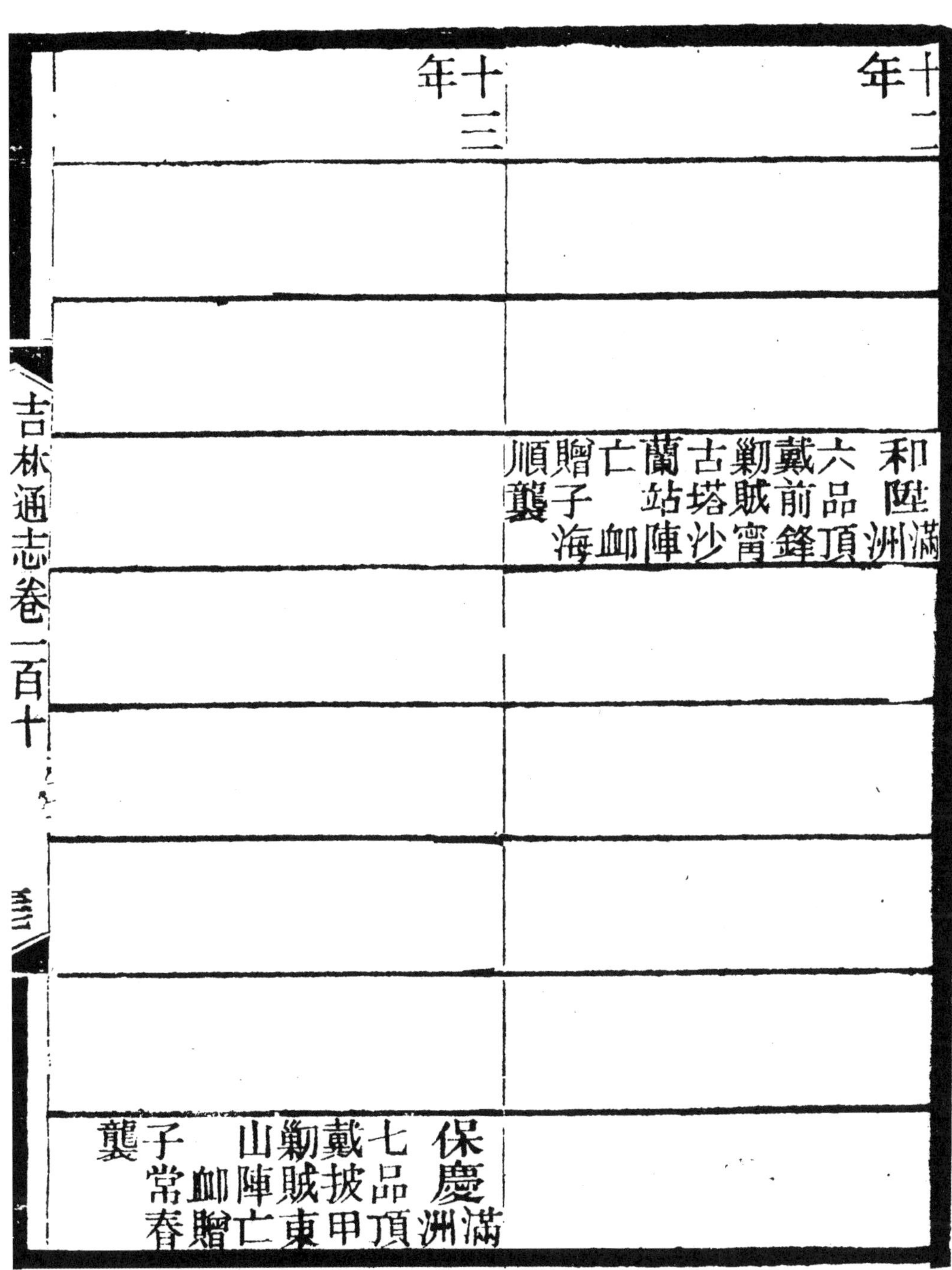

十二年	十三年
和陞 滿洲六品頂戴前鋒勦賊甯古塔沙蘭站陣亡贈卹子海順襲	
	保慶 滿洲七品頂戴披甲勦賊山東陣亡贈卹子常春襲

十六年	
	依淩阿 烏拉滿洲藍翎儘先驍騎校領催委防禦從征
	富常阿 烏拉滿洲世襲雲騎尉委參領從征山東濟甯
	德勝 烏拉滿洲藍翎披甲從征江蘇六合縣陣亡卹贈
榮昌 滿洲六品頂戴披甲委驍騎校勦賊東山陣亡卹贈弟永常襲以上並據印冊	關淩阿 烏拉滿洲藍翎領催委防禦從征安徽陣亡
	喜成 烏拉滿洲披甲委官出征直隸陣亡卹贈姪富綸
	富勒通阿 烏拉滿洲藍翎領催委防禦從征山東嶧
	喜祿 烏拉滿洲藍翎披甲委驍騎校從征江南揚州府陣
	舒春泰 烏拉滿洲六品藍翎披甲從征陣亡卹贈弟

河南陣亡卹贈子德春襲　榮林烏拉滿洲六品軍功披甲從征河南陣亡卹贈子恩明襲　富祥烏拉滿洲藍翎披甲從征河南陣亡

州陣亡卹贈子魁連襲　永全烏拉滿洲披甲委驍騎校從征直隸陣亡卹贈子富明襲　多明阿烏拉滿洲藍翎佐領從征直隸

子霍隆武襲　阿那庫烏拉滿洲藍翎領催委防禦從征江南陣亡卹贈子德勝襲　倭新佈烏拉滿洲藍翎六品軍功披甲從征陣亡卹

卹贈子保祥襲　德克錦佈烏拉滿洲六品軍功披甲從征江南浦口陣亡卹贈子成祥襲　穆成烏拉滿洲披甲委官從征山東高唐

襲　壽全烏拉滿洲花翎儘先驍騎校披甲從征湖北陣亡卹贈子德春襲　薩淩阿烏拉滿洲花翎儘先驍騎校披甲委防禦從征

縣陣亡卹贈姪金奇顯襲　富音佈烏拉滿洲披甲委官從征江蘇六合縣陣亡卹贈子和爾春襲　勝春烏拉滿洲六品軍功

亡卹贈子興春襲　常陞烏拉滿洲六品軍功披甲從征江蘇六合縣陣亡卹贈子德恒襲　常青烏拉滿洲披甲委官從征山東陣亡

祥雲襲　文齡烏拉滿洲披甲委驍騎校從征陣亡卹贈子托克通武襲　德克錦烏拉滿洲藍翎領催委防禦從征江蘇六合縣

卹贈子德魁襲

永春烏拉滿洲藍翎儘先驍騎校披甲從征湖北廣濟縣陣亡卹贈子全魁襲

扎隆阿烏拉滿洲六品

陣亡卹贈子三成襲

富魁烏拉滿洲六品軍功披甲委筆帖式從征江南浦口陣亡卹贈子嘎爾兵阿襲

永安烏拉滿洲領催委驍

贈孫依鏗額襲

祿昌烏拉滿洲花翎儘先驍騎校披甲委參領從征伊犁陣亡卹贈子成羣襲

連陞烏拉滿洲藍翎驍騎校從征江蘇丹

州陣亡卹贈子凌春襲

喜順烏拉滿洲花翎儘先驍騎校披甲從征陝西定邊縣陣亡卹贈姪海慶襲

清安烏拉滿洲委防禦從

江蘇六合縣陣亡卹贈子武全襲

烏凌阿烏拉滿洲藍翎披甲委防禦從征江南浦口陣亡卹贈姪喜魁襲

羣德烏拉

披甲從征江蘇六合縣陣亡卹贈子海綸襲

來順烏拉滿洲六品軍功披甲從征陣亡卹贈弟常榮襲

倭新侑烏拉滿洲藍翎

卹贈弟依克吞襲

萬良烏拉滿洲七品頂戴領催委防禦從征湖北陣亡卹贈子春山襲

富淩阿烏拉滿洲世襲雲騎尉委參領

陣亡卹贈子常安襲

成安烏拉滿洲藍翎披甲從征河南陣亡卹贈弟雙山襲

多倫保烏拉滿洲六品軍功領催從征

軍功拔甲從征江蘇六合縣陣亡卹贈子雙慶襲　托精阿　烏拉滿洲披甲委防禦從征江蘇六合縣陣亡卹贈子豐陞額襲

騎校從征湖北陣亡卹贈子勝喜襲　全陞　烏拉滿洲六品軍功從征江蘇丹陽縣陣亡卹贈孫和清襲　祿春　烏拉滿洲花翎佐領

陽縣陣亡卹贈姪成魁襲　奇策佈　烏拉滿洲六品軍功拔甲從征江南浦口陣亡卹贈子雙喜襲　富勒通阿　烏拉滿洲

征河南鄢陵縣陣亡卹贈子常壽襲　和陞阿　烏拉滿洲藍翎披甲委防禦從征河南汝甯府陣亡卹贈子富全襲　雙陞　烏拉

滿洲藍翎披甲從征甘肅古浪縣陣亡卹贈姪開印襲　永山　漢軍烏拉藍翎驍騎校委參領從征江蘇六合縣陣亡卹贈子來祥襲

領催委參領從征山東陣亡卹贈子莫勒格春襲　富精阿　烏拉滿洲六品軍功拔甲從征安徽陣亡卹贈子忠全襲　雙亮　烏拉

從征湖北雲夢縣陣亡卹贈子連慶連恆分襲　德楞阿　烏拉滿洲藍翎披甲從征江蘇六合縣陣亡卹贈姪勝貴襲　莫勒根

江南浦口陣亡卹贈子春連襲　常順　烏拉滿洲六品軍功披甲從征陣亡卹贈子魁陞襲　永亮　烏拉滿洲披甲委官

佛勒烏拉滿洲藍翎披甲從征山東曹州府陣亡卹贈姪祥祿襲　依勒通阿烏拉滿洲藍翎領催從征山東曹州府陣亡卹贈子勝

銜披甲委防禦從征甘肅陣亡卹贈嗣子慶吉襲　吉陞阿烏拉滿洲藍翎披甲從征江蘇陣亡卹贈子德淩襲　永福烏拉

藍翎儘先驍騎校披甲從征山東東平州陣亡卹贈姪德銀襲　托雲烏拉滿洲藍翎披甲從征江南陣亡卹贈姪雙玉襲

滿洲藍翎防禦銜即補驍騎校披甲從征甘肅陣亡卹贈從弟永順襲　富克錦漢軍烏拉八品蔭生委參領從征山東嶧縣陣亡卹贈子恩

貴昌漢軍烏拉委官從征江蘇六合縣陣亡卹贈姪吉勒章阿襲　吉蘭保漢軍烏拉六品藍翎儘先驍騎校披甲從征江蘇六合縣陣亡

滿洲藍翎儘先驍騎校披甲從征伊犁瑪納斯陣亡卹贈弟勝連襲　西拉佈烏拉滿洲六品軍功領催從征江南浦口陣亡卹贈子忠祿

烏拉滿洲六品軍功披甲從征江南浦口陣亡卹贈子萬恆襲　安壽漢軍烏拉披甲委驍騎校從征陣亡卹贈子貴喜襲

從征直隸陣亡卹贈子瑞和襲　春祿烏拉滿洲花翎披甲從征山東曹州府陣亡卹贈姪松慶襲　格通阿烏拉滿洲藍翎

全一襲烏勒喜蘇烏拉滿洲藍翎披甲從征山東陣亡卹贈子穆克德佈襲倭西洪阿烏拉滿洲藍翎披甲從征

滿洲六品軍功披甲從征伊犁奎屯卡倫陣亡卹贈子海順襲常林伊通滿洲藍翎披甲從征湖北陣亡卹贈子連貴襲

全祿烏拉滿洲花翎佐領銜儘先驍騎校披甲委參領從征甘肅陣亡卹贈子榮陞襲利成烏拉滿洲藍翎牲丁從征湖北廣濟縣陣亡卹贈

祥襲什成漢軍烏拉儘先驍騎校披甲從征伊犁瑪納斯陣亡卹贈弟什陞襲德克德恩漢軍烏拉藍翎披甲從征

卹贈孫明安圖襲貴淩漢軍烏拉六品軍功披甲委筆帖式從征江蘇六合縣陣亡卹贈姪英瑞襲春福漢軍烏拉七品頂戴

襲忠喜烏拉滿洲藍翎披甲委驍騎校從征江南浦口陣亡卹贈弟忠陞襲喜順烏拉滿洲六品頂戴披甲委官從征

喜朗阿漢軍烏拉披甲委驍騎校從征陣亡卹贈子魁陞襲常魁漢軍烏拉驍騎校從征河南陣亡卹贈子德克德恩襲

披甲從征山東陣亡卹贈弟保慶襲

甘肅陣亡卹贈子遵祿襲

德隆阿 烏拉滿洲五品藍翎即補驍騎校披甲從征江南陣亡卹贈子德林襲

爾登阿 烏拉滿洲藍翎

岳德 伊通滿洲花翎儘先驍騎校委參領從征河南陣亡卹贈孫阿勒虎襲

富常阿 伊通滿洲披甲委驍騎校從征河南陣亡卹

孫成祿襲

德勝 烏拉滿洲藍翎領催從征湖北廣濟縣陣亡卹贈子郭興阿襲

春桂 烏拉滿洲藍翎披甲從征安徽定遠縣陣亡卹贈

伊犁瑪納斯陣亡卹贈子景全襲

雙全 烏拉滿洲防禦委參領從征直隸陣亡卹贈孫德玉襲

披甲從征湖北廣濟縣陣亡卹贈堂弟玉陞襲

春福 烏拉漢軍披甲委官從征直隸陣亡卹贈子成祥襲

郭爾明

河南陣亡卹贈姪根陞襲

全成 烏拉滿洲披甲委官從征陣亡卹贈子鳳林襲

舒青阿 漢軍烏拉花翎領催委防禦從征江南陣亡卹

烏勒興阿 漢軍烏拉藍翎披甲從征江蘇六合縣陣亡卹贈子玉恆襲

和成 漢軍烏拉六品軍功披甲從征江南浦口陣亡卹

牲丁從征湖北廣濟縣陣亡卹贈子成林襲 德昌 漢軍烏拉藍翎披甲從征江南浦口陣亡卹贈子成順襲 烏勒興額 漢軍烏拉

贈子錫拉杭阿襲 察隆阿 伊通滿洲藍翎領催委防禦從征山東曲阜縣陣亡卹贈弟常貴襲 雙福 伊通滿洲藍翎披甲

孫常慶襲 興安 烏拉滿洲披甲委官出征江蘇徐州府陣亡卹贈姪全榮襲 巴音保 漢軍烏拉藍翎牲丁從征湖北蘄水縣陣亡

阿 漢軍烏拉六品頂戴披甲從征直隸陣亡卹贈姪玉祥襲 富貴 漢軍烏拉藍翎披甲從征河南歸德府陣亡卹贈姪玉連襲

卹贈子裕慶襲 慶春 漢軍烏拉藍翎披甲從征江蘇六合縣陣亡卹贈子台祥襲 常陞 漢軍烏拉藍翎披甲從征直隸陣亡卹贈子全山

贈孫貴和襲 安祿 漢軍烏拉藍翎披甲從征江南浦口陣亡卹贈孫舒青阿阿襲 額勒經額 漢軍烏拉防禦委參領從征江蘇丹陽縣

六品軍功披甲委防禦從征山東冠縣陣亡卹贈子德祿襲

富昌 漢軍

烏拉藍翎領催委驍騎校從征湖北應山縣陣亡卹贈子德喜襲

委驍騎校從征江南陣亡卹贈子常和襲故孫隆喜襲故未襲

格綳額

伊通滿洲花翎儘先驍騎校委參領從征甘肅陣亡卹贈子

卹贈姪德海襲

來昌 漢軍

烏拉花翎驍騎校從征甘肅陣亡卹贈弟玉喜襲

占祿 漢軍

襲

烏拉披甲委官從征江南陣亡卹贈子雙喜襲

陣亡卹贈孫祿和襲

德全　漢軍烏拉藍翎牲丁從征湖北廣濟縣陣亡贈卹子榮慶襲

慶壽　漢軍烏拉藍翎領催從征江蘇陣亡贈卹子吉陞襲

常勝襲

春祿　伊通滿洲六品頂戴披甲從征山東曲阜縣陣亡贈卹子常德襲

舒成　伊通滿洲藍翎即補驍騎校從征河南陣亡贈卹

祿祥 烏拉漢軍藍翎儘先驍騎校領催從征江蘇六合縣陣亡卹贈 弟索祿襲

常喜 烏拉漢軍花翎披甲從征甘肅甯夏府陣亡卹贈

子永海襲

留成阿 伊通滿洲六品頂戴披甲從征江南商水縣陣亡卹贈 孫慶陞襲

德祥 伊通滿洲花翎防禦從征河南陣亡

子德魁襲

來有　漢軍烏拉五品藍翎披甲從征湖北廣濟縣陣亡卹贈弟烏勒佈襲

西朗阿　滿洲伊通六品頂戴披甲從征

卹贈子魁林襲

德玉　滿洲伊通藍翎驍騎校從征河南商水縣陣亡卹贈子常德襲

石淩阿　滿洲伊通藍翎披甲從征河南

山東濟甯州陣亡卹贈弟依興額襲故遺缺未襲

倭恆額
伊通滿洲六品頂戴披甲從征山東曲阜縣陣亡卹贈子常祿襲

陣亡卹贈孫春陞襲

永林
伊通滿洲藍翎披甲從征江蘇六合縣陣亡卹贈子春安襲

岐山
伊通滿洲藍翎儘先驍騎校披甲從

春德　伊通滿洲領催委防禦從征江蘇六合縣陣亡卹贈子圖克佐襲

扎倫太　伊通滿洲領催委防禦出征山東曲阜縣陣亡卹贈弟德海

征湖北陣亡卹贈子永祥襲

保慶　伊通滿洲藍翎披甲從征河南歸德府陣亡卹贈子德勝保襲故末襲

雙喜　伊通滿洲六品頂戴

襲。故子恩溥襲。春山伊通滿洲儘先驍騎校披甲從征湖北陣亡，卹贈子恩福襲。故孫保英阿襲。魁成伊通滿洲六品頂戴披甲從征江南

披甲從征山東登州府陣亡，卹贈子魁山襲。永山伊通滿洲藍翎領催委驍騎校從征山西陣亡，卹贈弟鳳山襲。常太伊通滿洲四品花翎

陣亡卹贈子富成阿襲

春陞　伊通滿洲藍領披甲出征陝西盩厔縣陣亡卹贈子恩玉襲

德春　伊通滿洲六品頂戴披甲從征山東

郎補防禦從征山西陣亡卹贈姪貴英阿襲

德太　伊通滿洲六品頂戴披甲從征江蘇揚州府陣亡卹贈弟春明襲故姪雙福襲

來福　伊通

陣亡卹贈子多隆武襲

黑小 伊通滿洲藍翎拔甲從征江蘇六合縣陣亡卹贈弟永林襲故子福祥襲

德祥 伊通滿洲六品頂戴

滿洲藍翎儘先驍騎校拔甲從征湖北陣亡卹贈孫吉順襲

富章 伊通滿洲藍翎儘先驍騎校從征山東陣亡卹贈孫春陞襲

成山 伊通

披甲從征陣亡卹贈孫志和襲

倭新佈　伊通滿洲六品頂戴披甲從征河南陣亡卹贈子恩祿襲

烏隆阿　伊通滿洲六品

滿洲藍翎披甲從征河南陣亡卹贈孫慶和襲故未襲

穆成阿　伊通滿洲六品頂戴披甲從征江蘇徐州府陣亡卹贈子豐陞阿襲

頂戴委官從征江蘇六合縣陣亡卹贈孫富蔭襲

穆特佈　伊通滿洲花翎防禦委參領從征江南陣亡卹贈子富隆額襲

永海　伊通滿洲六品頂戴披甲從征河南陣亡卹贈子成祿襲

留德　伊通滿洲藍翎披甲從征江蘇六合縣陣亡卹贈子勝林襲

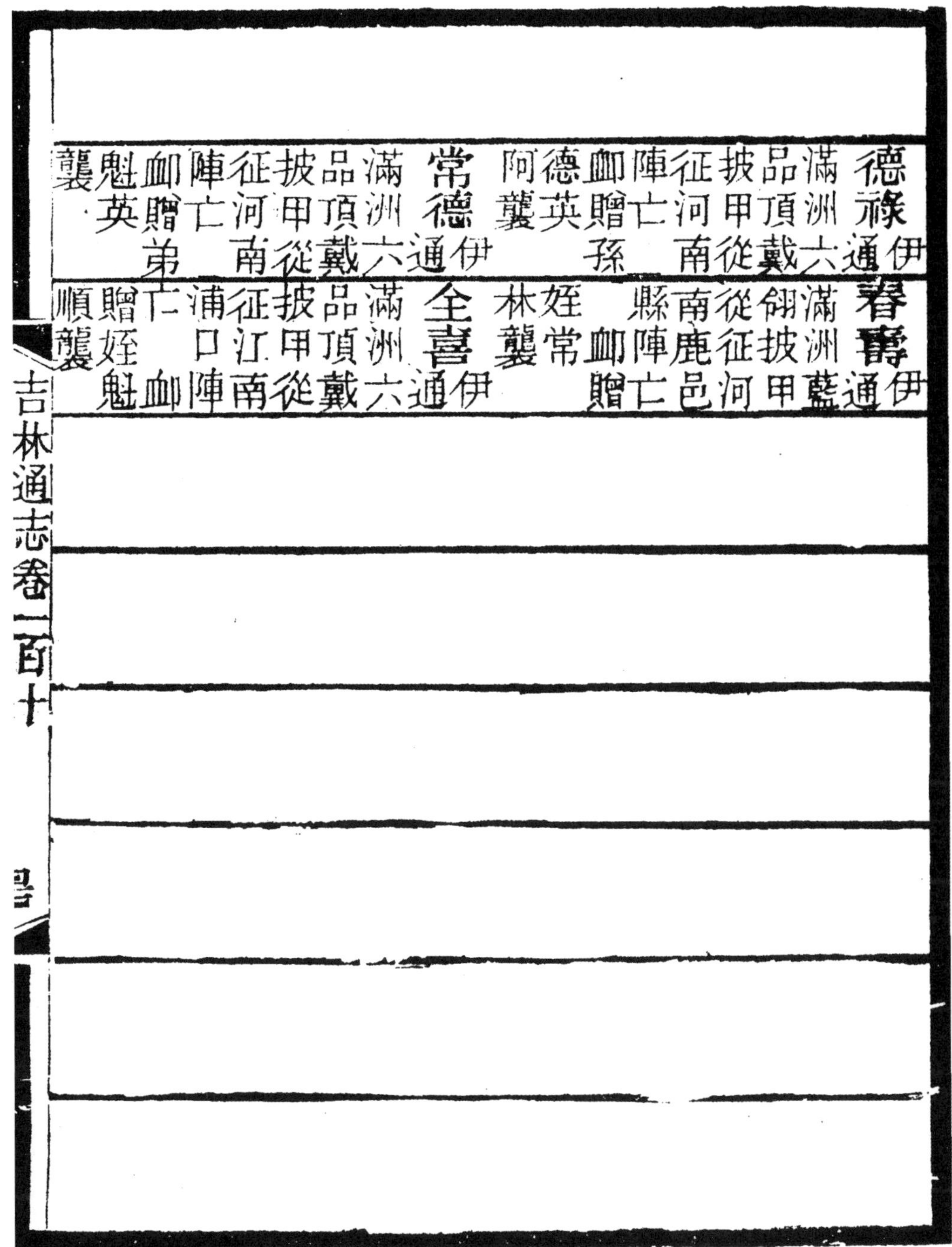

德祿　伊通滿洲六品頂戴披甲從征河南陣亡卹贈孫德英阿襲

常德　伊通滿洲六品頂戴披甲從征河南陣亡卹贈弟魁英襲

春壽　伊通滿洲藍翎披甲從征河南鹿邑縣陣亡卹贈姪常林襲

全喜　伊通滿洲六品頂戴披甲從征江南浦口陣亡卹贈姪魁順襲

吉林通志卷一百十

倭興額

和順 伊通滿洲委官從征河南陣亡卹贈子連科襲

伊通滿洲七品頂戴披甲從征山東高唐州陣亡卹贈孫連恩襲

滿成阿 伊通滿洲六品頂戴披甲從征江蘇六合縣陣亡卹贈子貴林襲

永昌 伊通滿洲藍翎披甲從征山東曲阜縣陣亡卹贈襲

子玉祥襲

富德 伊通滿洲藍翎領催委驍騎校從征河南陣亡卹贈子永全襲

祿陞 伊通滿洲藍翎披甲從征河南陣亡卹贈姪英陞

依淩阿 伊通滿洲藍翎披甲從征山東濟甯州陣亡卹贈子瑚圖哩襲

三慶 伊通滿洲藍翎披甲從征陣亡卹贈姪隆吉襲

阿襲

春利　伊通滿洲藍翎披甲從征陣亡卹贈子依興阿襲

永德　伊通滿洲藍翎披甲委官從征陣亡卹贈孫常恩襲

滿成阿　伊通滿洲花翎前補防禦披甲從征伊犁陣亡卹贈子魁海襲

慶連　伊通滿洲藍翎前補防禦委營總從征歿於軍卹

恩特恤

保 伊通滿洲藍翎披甲從征山東曲阜縣陣亡卹贈弟德貴襲

海淩德 伊通滿洲五品藍翎披甲從征湖北陣亡卹

贈子喜順襲

德貴 伊通滿洲披甲委官剿賊哈哈山大河口陣亡卹贈子常恩襲

吉林通志卷一百十

贈姪貴
山襲
穆克登
額伊通
領滿洲
藍翎儘
先驍騎
校領催
委參領
從征湖
北陣亡
血贈
子德淩
襲、
富義伊通
滿洲委
官從征

河南光山縣陣亡卹贈子春福一襲

常利伊滿洲通翎防花從征禦於軍歿卹贈德奎弟襲

德福伊通滿洲蘇拉委官從征甘肅陣亡

卹贈子全山襲

魁增 伊通滿洲六品頂戴拔甲從從江蘇六合縣陣亡卹贈魁恒弟襲

永福 伊通滿洲六品頂戴拔甲從征江蘇

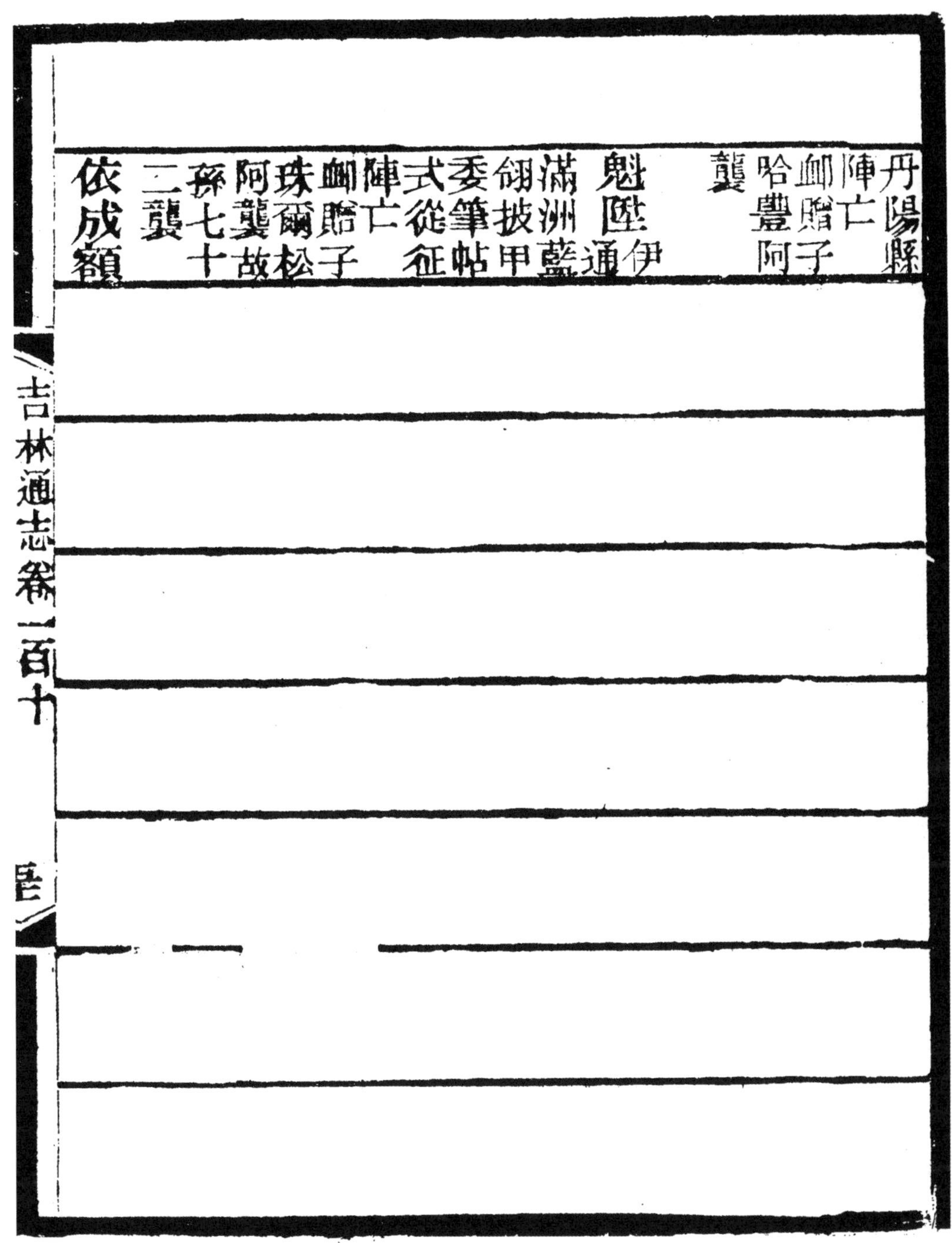

丹陽縣陣亡卹賠子哈豐阿襲魁陞伊通滿洲藍翎披甲委筆帖式從征陣亡卹賠子珠爾松阿襲故孫七十二襲依成額

伊通滿洲藍翎披甲從征山東曲阜縣陣亡卹贈子魁亮襲故孫榮貴襲

永福伊通滿洲藍翎披甲從征山東臨清州陣亡卹贈孫祥林襲

常德伊通滿洲藍甲翎披甲湖從征亡北陣亡恤贈留弟魁襲

亮德伊通滿洲六品頂戴披甲從征河南商城縣陣亡恤贈子明喜襲

富克錦伊通滿洲藍翎披甲從征河南鹿邑縣陣亡䘏贈子貴陞襲

陔德伊通滿洲六品頂戴披甲從征山東陣亡䘏贈子祥和襲

林索　伊通滿洲藍翎披甲從征江南陣亡卹贈弟雙慶襲

根德　伊通滿洲藍翎披甲從征山東陣亡卹贈孫春喜襲

常春 伊通滿洲六品頂戴披甲從征河南光山縣陣亡卹贈子海祿襲

常喜 伊通滿洲花翎披甲委驍騎校從征河南陣亡卹贈子德雲襲

春滿品披征六陣卹常故山　慶滿翎從西　子
林洲頂甲江合亡贈順孫襲　海洲披征陣卹和
伊通六戴從蘇縣　子襲青　伊通藍甲山亡贈陞

額襲 勝 滿品披征光陣卹富襲 富 滿翎從南
德 洲頂甲河山亡贈典 亮 洲披征光
伊通六戴從南縣 子額 伊通藍甲河山

縣陣亡
子卹贈
襲慶貴
襲故未
襲
德克吉
佈伊通
滿洲
藍翎披
甲勦賊
阿勒楚
喀帽山
陣亡
卹贈子
明魁
襲
伊
恩祥通

吉林通志卷一百十　三

滿洲四品頂戴披甲委哨官修築琿春礮臺溺於水卹贈子連英阿襲

德淩阿

伊通滿洲五品頂戴披甲委哨官修築琿春礮臺溺於水卹

贈子慶林襲以上年俱夫詳

吉林通志卷一百十

吉林通志卷一百十一

人物志四十 世職表三

雲騎尉

甯古塔

鑲黃旗 永祿 滿洲 花翎即補防禦從征江蘇江甯府陣亡卹贈子恩喜襲

正黃旗 色克圖 滿洲驍騎校委參領從征江南陣亡卹贈子富有襲

正白旗 西郎阿 滿洲驍騎校從征陣亡卹贈子諾穆渾襲 特克什

鑲白旗 常壽 滿洲 驍騎校委章京從征四川嘎郎嘎陣亡卹贈子懷塔襲故孫

正紅旗 穆克德恩 滿洲花翎佐領委參領從征江蘇江甯府陣亡卹贈子

鑲紅旗 胡興阿 滿洲佐領委參領從征江南陣亡卹贈子倭仁佈襲

正藍旗 吉爾章阿 滿洲領催委官從征陣亡卹贈子諾敏襲故孫撮霍佈

鑲藍旗 慶常 滿洲 世襲恩騎尉委參領從征直隸靜海縣陣亡卹贈子景武德

業鏗額 滿洲委防禦從征江南陣亡卹贈孫慶德襲 扎克坦 滿洲花翎防禦從征江蘇六合縣陣亡卹贈子僾什渾襲 德成 滿洲

富山 滿洲前鋒委驍騎校從征江南陣亡卹贈子春淩襲 薩英額 滿洲花翎領催從征江南陣亡卹贈子魁常襲

肯 滿洲藍翎儘先驍騎校從征陣亡卹贈子博啟襲 錫陞 滿洲儘先驍騎校從征陣亡卹贈子德隆襲 慶順 滿洲藍翎補用驍騎

八十六襲故襲次巳完給恩騎尉世襲罔替曾孫林春襲陣亡未襲 三福 滿洲協領從征直隸深州陣亡卹贈子常春襲 林春 滿洲

魁德襲故孫常青襲 依常阿 滿洲防禦委參領從征直隸靜海縣陣亡卹贈子吉陞襲故孫文秀襲 春海 滿洲領催委營總從

吉郎阿 滿洲驍騎校從征江蘇江甯府陣亡卹贈子魁祿襲 淩德 滿洲花翎防禦在甯古塔樺樹林勦賊陣亡卹贈子雙全襲

襲故襲次巳完給恩騎尉世襲罔替四世孫僾什渾襲 慶常 滿洲前鋒委參領從征伊犁奎屯卡倫陣亡卹贈子恩惠襲 哲晉肯

襲故孫開保襲 永魁 滿洲防禦委參領從征山東臨清州陣亡卹贈子全山襲 順德 滿洲驍騎校委參領從征江南陣亡卹贈子德淩

花翎儘先防禦從征江南浦口陣亡卹贈子青山襲

連陞滿洲披甲委防禦從征山東曹州府陣亡卹贈弟連興襲故子倭和襲

永順滿洲六品軍功披甲從征江南陣亡卹贈子富春襲

瑚蘇哩滿洲七品軍功披甲從征山東陣亡卹贈子圖瓦謙襲

校從征陣亡卹贈子永泰襲

豐伸滿洲藍翎補用驍騎校從征山東淄川縣陣亡卹贈子保連襲

奇克慎滿洲藍翎領催從征陣亡卹世襲恩騎尉驍騎校從征浙江陣亡卹贈嗣子達邦阿襲所遺恩騎尉未襲

慶常滿洲花翎前鋒委驍騎校從征江蘇江甯府陣亡卹贈子富爾虎征山東陣亡卹贈子吉爾通阿襲

隆喜滿洲花翎防禦從征河南陣亡卹贈子永壽襲

托明阿滿洲驍騎校委參領從征直隸

巴圖隆阿滿洲六品廕生從征山東陣亡卹贈子惠廉襲

榮春滿洲藍翎前鋒從征山東陣亡卹贈子吉陞襲

魁亮滿洲藍翎儘先驍騎校披甲從征江蘇江甯府陣亡卹贈子成清襲

喀爾桑阿滿洲披甲委官從征陣亡卹贈子多羅倫襲阿襲

英林滿洲領催委官從征江南陣亡卹贈子烏勒滾襲故孫全祿襲故襲次已完

慶興滿洲披甲委筆帖式從征江蘇江甯

松山滿洲藍翎驍騎校從征江南陣亡卹贈子壽喜襲**阿克吉哩**滿洲前鋒委驍騎校從征江南陣亡卹贈子玉山襲**吉勒墖**

常林滿洲六品軍功披甲從征江蘇江甯府陣亡卹贈姪金海襲**永壽**滿洲六品軍功披甲從征江蘇江甯府陣亡卹贈子博啟圖襲

贈子永常襲**吉善**滿洲六品頂戴披甲從征陣亡卹贈弟延福襲**慶魁**滿洲藍翎披甲從征江蘇丹陽縣陣亡卹贈子喜善襲

襲故孫常山襲**穆隆阿**滿洲驍騎校從征江南無錫縣陣亡卹贈孫瑚蘇哩襲**依郎阿**滿洲藍翎佐領委營總從征江蘇江甯府陣亡

靜海縣陣亡卹贈子永利襲**阿昌阿**滿洲驍騎校委參領從征江蘇句容縣陣亡卹贈子諾穆渾襲**春德**滿洲藍翎前鋒委驍

披甲在本省東山石頭嶺剿賊陣亡卹贈子薩斌襲**雙泰**滿洲前鋒委官從征陝西陣亡卹贈子全興襲**舒林**滿洲藍翎前鋒從征

依郎阿滿洲藍翎披甲從征江南浦口陣亡卹贈子運陞襲**富珍**滿洲六品軍功披甲從征江蘇六合縣陣亡卹贈姪英海襲

府陣亡卹贈子全壽襲**永惠**滿洲六品軍功前鋒從征江蘇揚州府陣亡卹贈子德廉襲**全福**滿洲藍翎領催從征江南陣亡卹

春 滿洲拔甲委驍騎校從征江南於鍾山陣亡卹贈子榮祿襲

德楞額 滿洲藍翎前鋒從征江蘇江甯府陣亡卹贈孫烏爾喜春襲

明林 滿洲七品軍功拔甲從征江南陣亡卹贈子景魁襲

薩炳阿 滿洲六品軍功拔甲從征山東陣亡卹贈弟景文襲

喜康 滿洲藍翎拔甲從征江南陣亡卹贈姪永福襲

喜年 滿洲六品軍功拔甲從征江蘇六合縣陣亡卹贈子德亮襲

同順 滿洲

卹贈子常興襲

多羅倫 滿洲花翎領催委參領從征安徽陣亡卹贈子慶林襲

榮德 滿洲藍翎儘先防禦領催委章京從

騎校從征陣亡卹贈子常喜襲

慶常 滿洲藍翎拔甲從征山東東平州陣亡卹贈子海林襲

恆德 滿洲藍翎拔甲從征

江南瓜州陣亡卹贈子常陞襲

喜亮 滿洲藍翎拔甲從征江蘇六合縣陣亡卹贈子常有襲

成德 滿洲藍翎拔甲從征

贈子常山襲

永山 滿洲藍翎拔甲從征河南羅山縣陣亡卹贈子全利襲

榮陞 滿洲拔甲委官從征安徽臨淮關陣亡卹贈子達

祥林滿洲五品藍翎披甲委官從征伊犂瑪納斯陣亡卹贈子春祿襲

忠陞滿洲藍翎披甲從征江蘇六合縣陣亡卹贈子恩慶襲

烏林泰滿洲六品軍功披甲從征江蘇六合縣陣亡卹贈從孫德明阿襲

隆春滿洲藍翎披甲從征湖北陣亡卹贈子永興襲

六品軍功披甲從征江蘇六合縣陣亡卹贈子惠成襲

扎爾瑚山滿洲藍翎披甲從征江蘇六合縣陣亡卹贈子常泰襲

烏爾欽

征江南陣亡卹贈子恩祥襲

雙喜滿洲領催委驍騎校從征河南光山縣陣亡卹贈姪富克錦襲

永和滿洲藍翎前鋒從征江蘇六合縣陣

江蘇六合縣陣亡卹贈子金貴襲故孫全有襲

德恩滿洲藍翎披甲從征江蘇六合縣陣亡卹贈子春慶襲

舒祿滿洲

江南浦口陣亡卹贈子雙全襲

文淩滿洲藍翎披甲從征江南陣亡卹卹兄文恆襲

淩阿襲

永安滿洲前鋒從征陣亡卹贈子舒明襲

德林滿洲六品軍功披甲從征陣亡卹贈子常壽襲

成福 滿洲六品軍功披甲從征江蘇六合縣陣亡卹贈子穆克德科襲

增祿 滿洲六品軍功披甲從征江蘇六合縣陣亡卹贈子同陞襲

倭仁保 滿洲前鋒委官從征江南陣亡卹贈子德山襲

常祿 滿洲披甲委官從征山東曹州府陣亡卹贈子吉玉襲故現缺未

滿洲藍翎披甲從征江南陣亡卹贈孫唐武色襲

薩凌阿 滿洲藍翎披甲從征陣亡卹贈姪永常襲

亡卹贈子常陞襲

開祿 滿洲六品軍功披甲委驍騎校從征江蘇六合縣陣亡卹贈子依凌阿襲

薩炳吞 滿洲六品藍翎

藍翎披甲從征江蘇江甯府陣亡卹贈姪富爾哈襲

凌泰 滿洲藍翎領催從征陝西陣亡卹贈子慶和襲

贈子常山襲

蘇隆阿 滿洲藍翎前鋒從征山東曹州府陣亡卹贈子全成襲故孫格綳額襲

松年 滿洲五品藍翎披甲從征山東陣亡卹贈子增壽

襲

色勒 滿洲藍翎披甲從征湖北陣亡卹贈子德陞襲

色楞額 滿洲領催署章京從征江蘇江甯府陣亡卹贈子貴陞襲

披甲從征江蘇六合縣陣亡卹贈子三喜襲

孟泰 滿洲藍翎披甲從征江蘇六合縣陣亡卹贈子富春襲

春陞 滿洲六品軍功披甲

襲

德慶滿洲藍翎披甲從征江南陣亡卹贈子成順襲

額勒霍春滿洲藍翎前鋒從征江蘇六合縣陣亡卹贈子榮壽襲

隆德滿洲六品軍功披甲從征江南陣亡卹贈子喜壽襲

德勝滿洲藍翎前鋒從征陝西定邊縣陣亡卹贈子色佈珍襲故孫祥

從征江蘇江甯府陣亡卹贈子永壽襲

雙泰滿洲藍翎披甲從征江蘇江甯府陣亡卹贈子訥蘇襲

吉陞滿洲披甲從征江蘇

松春 滿洲披甲從征江南陣亡卹贈子榮恆襲 德勝 滿洲藍翎披甲從征江蘇六合縣陣亡卹贈子祥春襲 格圖肯

雲襲 依奇哩 滿洲領催從征山東蘭山縣陣亡卹贈子訥穆金泰襲故孫郭新襲 順福 滿洲六品軍功披甲從征江蘇江甯

江甯府陣亡卹贈弟恩慶襲 永祥 滿洲六品軍功披甲從征江南瓜州陣亡卹贈姪雙福襲 春長 滿洲六品軍功披甲從征江南浦口

滿洲六品頂戴拔甲從征江蘇六合縣陣亡卹贈子淩春襲故孫喜德襲

富隆阿　滿洲藍翎拔甲從征江蘇六合縣陣亡卹贈子春和襲

府陣亡卹贈姪達佈哩襲

德成　滿洲藍翎拔甲委官從征山東掖縣陣亡卹贈弟德海襲

陣亡卹贈子吉祿襲

松山　滿洲六品軍功拔甲從征陝西綏德州陣亡卹贈子保林襲

常春　滿洲六品軍功拔甲從征江蘇揚州

音德 滿洲藍翎前鋒從征江蘇六合縣陣亡卹贈孫倭什渾襲

克新 滿洲六品軍功拔甲從征江蘇六合縣陣亡卹贈姪烏郎阿襲

府陣亡卹贈子承順襲

春德 滿洲藍翎領催賊擾甯古塔城截剿陣亡卹贈孫倭什渾襲

常林 滿洲藍翎披甲從征山東陣亡卹

六十五　滿洲六品軍功披甲從征江蘇六合縣陣亡卹贈從孫德清襲故曾孫明玉襲

倭什渾　滿洲藍翎披甲從征甘肅涼州

吉林通志卷一百十一　七

贈姪榮興襲

璺爾根保　滿洲藍翎披甲從征陣亡卹贈子全海襲

德春　滿洲六品軍功披甲從征陣亡卹贈子富魁襲故

府陣亡
子德卹贈
勝襲
富興
六品滿洲
功拔軍
從征甲
蘇六江
縣陣合
卹亡
姪春贈
壽襲

孫青
綿襲

伯都訥	咸豐二年
鑲黃旗	格綳額新滿洲前鋒委前鋒校從征山東高唐州陣亡卹贈子德勝襲　法克精額新滿洲六
正黃旗	常德新滿洲前鋒委官從征江蘇六合縣陣亡卹贈子增喜襲
正白旗	奇德陳滿洲藍翎前鋒從征安徽廬州府陣亡卹贈姪國祥襲緝匪陣亡未襲　富祥蒙古六品頂戴從征
鑲白旗	多明陳滿洲前鋒儘先驍騎校委防禦從征安徽廬州府陣亡卹贈子穆騰額襲革未襲　安常阿
正紅旗	奎德陳滿洲藍翎儘先驍騎校領催委防禦從征河南陣亡卹贈子圖切佈襲
鑲紅旗	
正藍旗	常壽滿洲佐領委參領從征河南傷亡卹贈子法凌阿襲　巴爾精阿新滿洲藍翎前鋒從征江
鑲藍旗	蘇凌阿新滿洲軍功藍翎從征河南陣亡卹贈孫多隆阿襲　富壽陳滿洲軍功藍翎從征陣亡卹贈

品頂戴從征河南陣亡卹贈孫瑞海襲

河南陣亡卹贈姪吉陞襲

富尼揚阿 蒙古藍翎領催從征安徽頻州府陣亡卹贈子明常襲故末襲

恒德 蒙古軍功花翎從征

陳滿洲領催委筆帖式防禦從征江蘇六合縣陣亡卹贈子巴隆阿襲

蘇丹陽縣陣亡卹贈子烏喜襲

雙永 新滿洲軍功藍翎從征河南陣亡卹贈子全山襲

子吉郎阿襲

明常 新滿洲卽補驍騎校從征河南陣亡卹贈子巴克桑阿襲

連德 陳蒙古藍翎前鋒從征河南陣亡卹贈子慶林襲

三年

西常阿　新滿洲花翎前鋒從征山東陣亡卹贈子明順襲

金隆阿　陳滿洲藍翎前鋒從征河南陣亡卹贈子富順襲

山東高唐州陣亡卹贈子奎祿襲故未襲

賽保　新滿洲花翎佐領銜即補防禦從征山西陣亡卹贈孫惠全襲

雅隆阿　新滿洲花翎即補佐領防禦從征河南陣亡卹贈子金春襲

訥清額　新滿洲委防禦從征山東曹州府陣亡卹贈孫西隆阿襲

奇永　新滿洲驍騎校委參領從征山東高唐州陣亡卹贈子成孥襲現

成福　新滿洲委官從征陣亡卹贈子玉陞襲

吉勒章

全明　陳滿洲委官從征河南陣亡卹贈子吉成襲故未襲

德貴　新滿洲軍功花翎從征安徽太湖縣陣亡卹贈子德盛阿襲

勝貴 新滿洲花翎佐領銜卽補防禦從征安徽桐城縣陣亡卹贈弟常和襲

成亮 新滿洲花翎儘先驍騎校從征陣亡卹贈子依順

喜春 陳滿洲委官從征河南陣亡卹贈孫萬慶襲

喜順 陳滿洲卽補佐領從征湖北黃梅縣陣亡卹贈姪祥林襲

依常阿 陳滿洲領催委驍騎校從征安徽定遠縣陣亡卹贈子德勝阿襲

托精阿 新滿洲花翎委驍騎校從征安徽桐城縣陣亡

故孫德瑞襲

金玉 陳滿洲六品頂戴從征江蘇丹陽縣陣亡卹贈孫恩祚襲

德隆 陳滿洲六品藍翎從征江蘇六合縣陣亡卹贈姪

富德 新滿洲藍翎驍騎校從征河南陣亡卹贈姪春全襲

孫順奎襲

花凌阿 陳滿洲驍騎校委參領從征山東高唐州陣亡卹贈子索成襲

哈揚阿 陳滿洲花翎委防禦從征河南

阿 新滿洲六品頂戴從征安徽潁州府陣亡卹贈現缺未襲

佟福 新滿洲藍翎委防禦從征江蘇揚州府陣亡卹贈子業普鏗阿襲

富勒通阿 新滿洲六品頂戴從征江蘇丹陽縣陣亡卹贈孫吉勒春襲

全在 陳滿洲軍功藍翎從征河南陣亡卹贈姪穆克德

襲

金壽新滿洲花翎即補驍騎校從征湖北襄陽府陣亡卹贈子亮德襲

卹贈子成永襲

雙春蒙古軍功花翎從征江蘇鎮江府陣亡卹贈姪吉祥襲

雙喜蒙古驍騎校委參領從征江蘇揚州

勝和襲

奎春陳滿洲花翎委驍騎校從征湖北襄陽府陣亡卹贈弟貴春襲

穆克精阿陳滿洲委官從征山東陣亡卹贈子錫

陣亡卹贈弟海青阿襲

巴壽陳滿洲前鋒委驍騎校從征陣亡卹贈孫富海襲

雙永陳滿洲花翎委筆帖式從征河南傷亡卹贈子常

巴彥倉新滿洲領催委官從征山東陣亡卹贈姪依吉斯洪阿襲

福順新滿洲委官從征江蘇六合縣陣亡卹贈姪恩特和謨襲

和襲故未襲

明亮新滿洲軍功藍翎從征安徽太湖縣陣亡卹贈子永慶阿襲

全陞新滿洲即補防禦從征湖北武昌府陣亡卹贈姪

府陣亡昌
卹贈襲
子阿克
棟阿襲

順
襲
海凌陳
洲七滿
軍功品
征山從
高唐東
陣亡州
卹贈
順福姪
襲

成祿
襲新
明常滿
洲委官
從征江
蘇丹陽
縣陣亡
卹贈
孫西隆
阿
襲
來陞蒙
古
領催委
防禦從
征陣亡
卹贈
子永
慶襲

四年

舒淩阿　新滿洲藍翎前鋒委驍騎校從征江蘇六合縣陣亡卹贈孫瑞昌襲

德順　陳滿洲藍翎委驍騎校從征江蘇鎮江府陣亡卹贈子西林襲

額爾登倉　蒙古花翎五品軍功從征江蘇六合縣陣亡卹贈

托克通阿　新滿洲七品頂戴從征江蘇丹陽縣陣亡卹贈恩貴子襲

富克精阿　陳滿洲藍翎盡先防禦從征河南陣亡卹贈弟富亘阿襲

圖清阿　新滿洲委官從征江蘇六合縣陣亡卹贈子富勒渾襲

和綳阿　陳滿洲委官從征江蘇六合縣陣亡卹贈子

五年

伊克唐阿 蒙古六品軍功從征江蘇六合縣陣亡

常德 陳滿洲六品頂戴從征江蘇六合縣陣亡卹贈姪

富亮 新滿洲六品頂戴委官從征江南於鍾山陣亡卹贈子春喜襲 勝林 襲

六年

常有　新滿洲花翎驍騎校從征安徽泗洲陣亡卹贈子連城襲

富有　新滿洲藍翎即補防禦從征山東曹州府陣亡卹贈姪海清阿襲

伯勒和圖　蒙古委營總從征江南陣亡卹贈子連仲襲

卹贈現來承襲

德壽　新滿洲五品藍翎委參領從征安徽定遠縣陣亡卹贈子金海襲

倭什洪額襲

金才　新滿洲六品頂戴從征江南陣亡卹贈姪勝春襲

依勒洪阿　陳滿洲委官從征江蘇常州府陣亡卹贈子連福襲

雙明　新滿洲六品藍翎從征江蘇六合縣陣亡卹贈子烏隆阿襲

蘇章阿 陳滿洲委官從征江蘇六合縣陣亡卹贈子成林襲

成德 新滿洲軍功藍翎從征江南浦口陣亡卹贈姪常陞襲

達爾札 蒙古軍功藍翎從征山東曹州府陣亡卹贈子德勝襲

那淩阿 新滿洲藍翎儘先驍騎校從征河南陣亡卹贈姪董春襲

鐵楞 陳滿洲六品軍功從征江蘇六合縣陣亡卹贈子喜貴襲

德興阿 新滿洲委官從征江蘇六合縣陣亡卹贈姪連福襲

成德　新滿洲藍翎六品頂戴從征河南陣亡卹贈孫保林襲

勝林　陳蒙古七品頂戴從征江蘇六合縣陣亡卹贈子永全襲

常淩阿　漢軍驍騎校從征河南陣亡卹贈子勝林襲故未襲

七年

全陞 新滿洲披甲委官從征江蘇常州府陣亡卹贈子壽亮襲

瑪玉魯 新滿洲藍翎儘先驍騎校從征陣亡卹贈弟阿玉魯魯襲

喜順 新滿洲委官從征江蘇六合縣陣亡卹贈子常永襲

托勒通阿 陳滿洲委官從征河南陣亡卹贈子富亮襲

八年

巴英阿 新滿洲六品藍翎從征江蘇六合縣陣亡卹贈子成福襲

德慶阿 陳滿洲藍翎委官從征河南陣亡卹贈子廣山襲

雅清阿 新滿洲六品軍功從征江蘇六合縣陣亡卹贈子滿亮襲

喜勒通阿 陳滿洲六品軍功從征江蘇六合縣陣亡卹贈姪春山

額勒錦 新滿洲花翎即補驍騎校委參領從征安徽定遠縣陣亡卹

勝春 新滿洲軍功藍翎從征河南陣亡卹贈姪喜亮襲故未襲

喜來 陳滿洲六品頂戴披甲從征河南陣亡卹贈子春陞襲

根喜 陳滿洲防禦委參領從征山東曹州府陣亡卹贈孫慶玉襲

羅克喜 新滿洲五品藍翎委驍騎校從征河南新野縣陣亡卹贈子

襲

春玉 陳滿洲六品軍功從征河南汝甯府陣亡卹贈弟春陞襲

哈明阿 陳滿洲軍功藍翎從征河南陣亡卹贈子德

贈子海章阿襲故未襲

慶福 新滿洲五品花翎委驍騎校從征傷亡卹贈子德順襲

滿福 新滿洲藍翎郎補驍騎校從征山東

祥德 新滿洲藍翎前鋒委防禦從征江蘇六合縣陣亡卹贈子成喜襲

舒勒通阿 新滿洲委官從征安徽定遠縣陣亡卹贈弟舒明阿襲

丁福襲武順新滿洲委官從征江蘇六合縣陣亡卹贈子常山襲故末襲德綳阿新滿洲委參領從征江蘇六合縣陣亡卹贈

順襲

曹州府陣亡卹贈子根璽襲連成新滿洲六品頂戴從征安徽定遠縣陣亡卹贈孫托章阿阿襲成海新滿洲六品軍功委筆帖式從征江

故襲訥克松額陳滿洲從征河南陣亡卹贈弟吉慶阿襲永謙保新滿洲六品頂戴從征陣亡卹贈弟烏順襲

孫文瑞襲革現缺末襲

春山 新滿洲委防禦從征江蘇丹陽縣陣亡卹贈子文奎襲故末襲

法克精阿 蒙古委官從征河南陣亡

蘇六合縣陣亡卹贈姪榮福襲

永順 新滿洲前鋒委驍騎校從征山東曹州府陣亡卹贈子德祿襲故末襲

滿祿 新滿洲委官從征江蘇六合縣陣亡卹贈姪圖桑阿襲

舒明阿 陳蒙古軍功藍翎從征江蘇六合縣陣亡卹贈子富春襲故

九年

血贈弟奎玉襲

富增阿 新滿洲委防禦從征江蘇六合縣陣亡血贈子萬祥襲

法淩阿 蒙古開缺佐領從征山東曹州

那哩善 陳滿洲前鋒委參領從征安徽

海忠阿 新滿洲六品軍功從征安徽潁

阿昌阿 新滿洲防禦委參領從征安徽

未襲

十年	
	德順新滿洲藍翎前鋒儘先驍騎校委防禦從征河南陣亡卹贈弟格緥額襲　雙花陳蒙古六品頂戴從
	連德新滿洲藍翎委防禦從征山東鄒縣陣亡卹贈子萬增襲
府陣亡卹贈孫札郎阿襲	吉祥陳滿洲花翎領催委防禦從征河南傷亡卹贈子阿勒吉春襲　德豐阿陳滿洲委官從征河南羅山縣
定遠縣陣亡卹贈姪慶春襲	德珍陳滿洲藍翎儘先驍騎校委驍騎校從征河南歸德府陣亡卹贈子富有襲
州府陣亡卹贈弟海永阿襲	舒永新滿洲軍功藍翎從征山東曹州府陣亡卹贈弟永喜襲
定遠縣陣亡卹贈姪常山襲	德祿新滿洲前鋒委官從征河南鄢陵縣陣亡卹贈子春成襲　霍清額新滿洲委官從征安徽潛山縣

	十一年	同治元年
征山東曹州府陣亡卹贈姪永恩襲	哈爾興阿新滿洲六品頂戴從征江南陣亡卹贈孫慶霖襲	
陣亡卹贈子廣順襲		
	和淩阿新滿洲五品花翎從征江南陣亡卹贈子富羣襲	
陣亡卹贈孫德什襲	郭勒明阿新滿洲委官從征河南新野縣陣亡卹贈子保林襲	吉祿陳蒙古花翎領催郎

補佐領委參領從征陝西陣亡卹贈子勝貴襲

二年

西淩 新滿洲花翎卽補佐領委防禦從征湖北麻城縣陣亡卹贈姪富慶襲

依奎 陳滿洲軍功藍翎從征陣亡卹贈子永喜襲

喜順 新滿洲委官從征河南羅山縣陣亡卹贈弟富順襲

托克通阿 新滿洲軍功藍翎從征陝西華陰縣陣亡卹贈子成壟襲

富全 新滿洲七品頂戴從征河南鄢陵縣陣亡卹贈子恆祿襲

凌善 新滿洲委官從征湖北麻城縣陣亡卹贈子富森泰襲

奎明阿 陳滿洲委官從征陣亡卹贈子金喜襲

四年

富春 陳滿洲藍翎委驍騎校從征江蘇贛縣陣亡卹贈弟伊成襲故未

阿克達春 陳滿洲藍翎委筆帖式從征河南西平縣陣亡卹贈子

八年

襲

賽春陳滿洲藍翎卽補驍騎校前鋒委防禦從征湖北麻城縣陣亡卹贈弟成喜襲故未襲

薩音佈彥蒙古領催

雙祿新滿洲軍功藍翎從

業鏗阿襲

九年

花翎記名佐領在二等伯都訥河勦道賊陣亡邺贈七十六孫襲

征甘肅陣亡邺贈西拉孫佈襲

吉祥阿
陳滿洲六品軍功從征伊犁奎屯陣亡邺贈弟吉淩阿襲

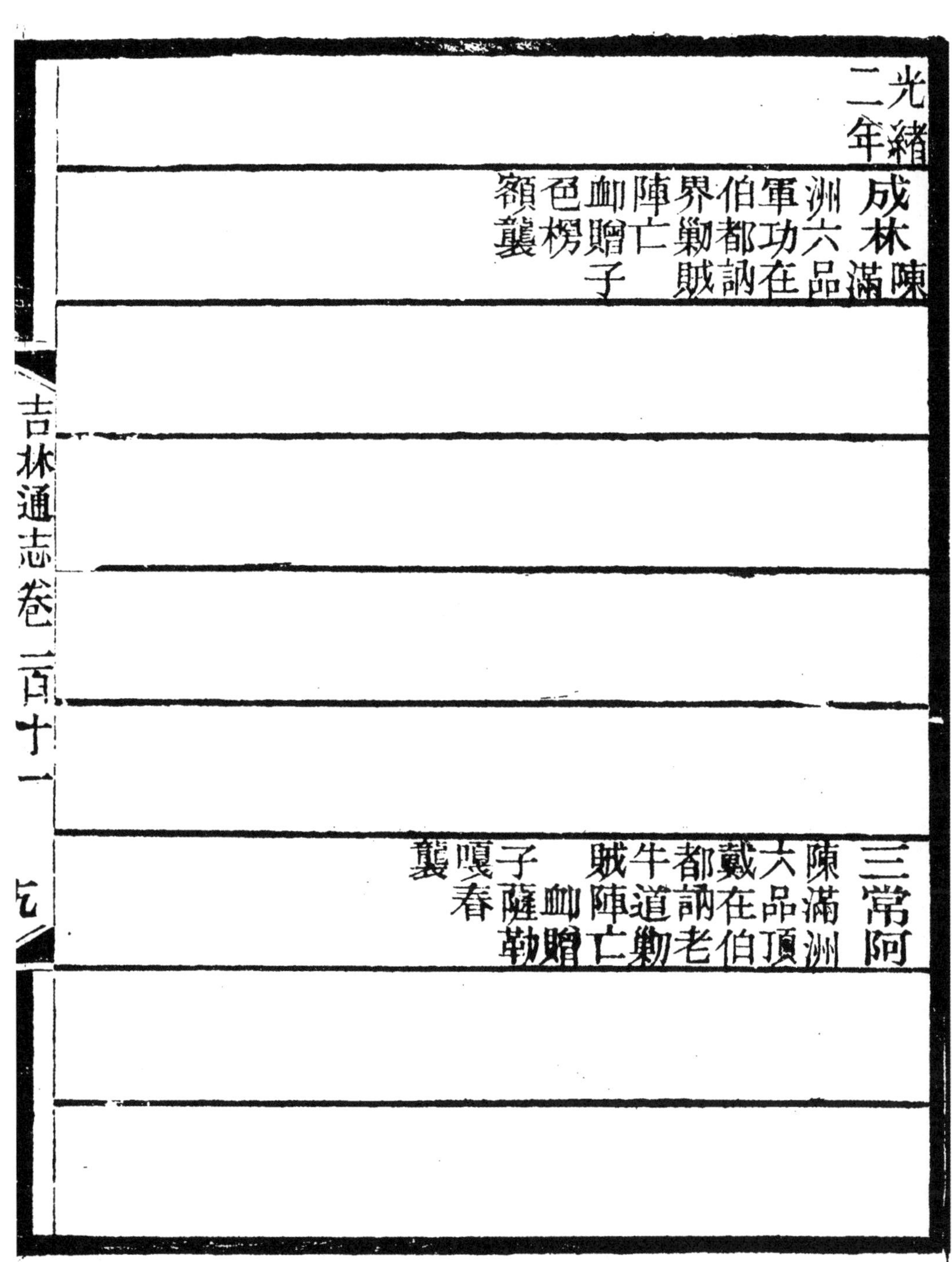

光緒二年

成林 陳滿洲六品軍功在界伯都訥陣亡勦賊血贈邑襲雲騎尉子

三常阿 陳滿洲六品頂戴在伯都訥老牛陣亡勦賊血贈子嘎薩春襲雲騎尉

吉林通志卷一百十一

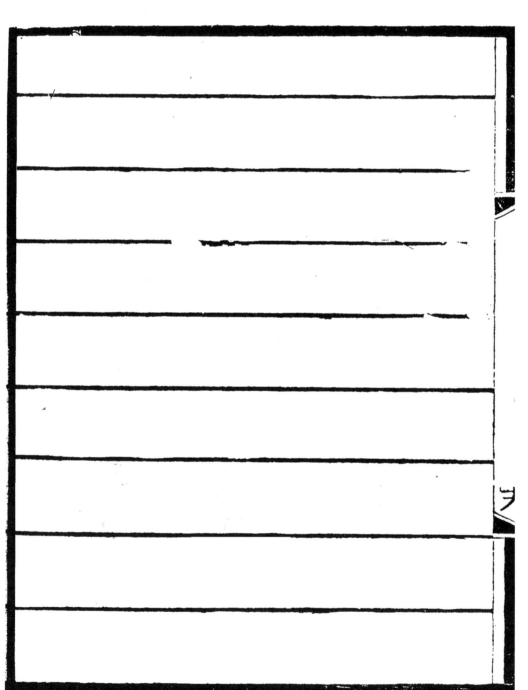

吉林通志卷一百十二

人物志四十一　世職表四

雲騎尉

三姓

	咸豐三年
鑲黃旗	額勒登額新滿洲藍翎領催委驍騎校從征江南傷亡卹贈子賓
正黃旗	
正白旗	額勒德恩佈陳滿洲領催委驍騎校從征山東高唐州陣亡卹
鑲白旗	
正紅旗	
鑲紅旗	
正藍旗	
鑲藍旗	

四年

郎襲

贈子德喜襲

阿昌阿 新滿洲防禦委參領從征山東高唐州陣亡卹贈子貴祥襲故孫海全襲

喀爾瑪圖 滿洲驍騎校委參領從征山東高唐州陣亡卹贈子常壽襲故未襲

托克托哩 新滿洲藍翎領催從征山

訥恩登阿 新滿洲領催委防禦從征

六年

東魚臺縣陣亡卹贈子貴春襲故未襲

陣亡卹贈子曾順襲故未襲

貴祿 陳滿洲披甲委官從征安徽亳州陣亡卹贈子瑞林襲故孫悅忠阿襲

圖淩 新滿洲藍翎前鋒委驍騎校從征安徽亳州陣亡卹贈子德克精阿襲故孫常保襲

七年

永強阿 新滿洲藍翎披甲從征山東高唐州陣亡卹贈弟永福襲

淩福 新滿洲藍翎儘先驍騎校前鋒委防禦從征安徽桐城縣陣亡卹

勝福 新滿洲藍翎儘先驍騎校領催委驍騎校從征安徽桐城縣陣亡卹贈姪貴林襲

永祿 陳滿洲藍翎披甲從征安徽桐城縣陣亡卹贈孫

春玉 陳滿洲藍翎披甲從征安徽桐城縣陣亡卹贈子倭什佈襲

倭西業佈 陳滿洲六品軍功披甲從征安徽陣亡卹贈子縈陞襲

依勒吞 新滿洲前鋒藍翎儘先防禦從征安徽桐城縣陣亡卹贈子順成襲革未襲

慶祿 新滿洲藍翎領催委驍騎校從征安徽桐城縣陣亡卹贈從兄永海襲

雙安 陳滿洲六品軍功披甲從征安徽桐城縣陣亡卹

贈子雙貴林全襲故襲未襲

革未襲

罕托

陳滿洲藍翎披甲從征江南瓜州陣亡卹贈子全壽襲

巴哈佈

新滿洲藍翎披甲從征安徽桐城縣陣亡卹

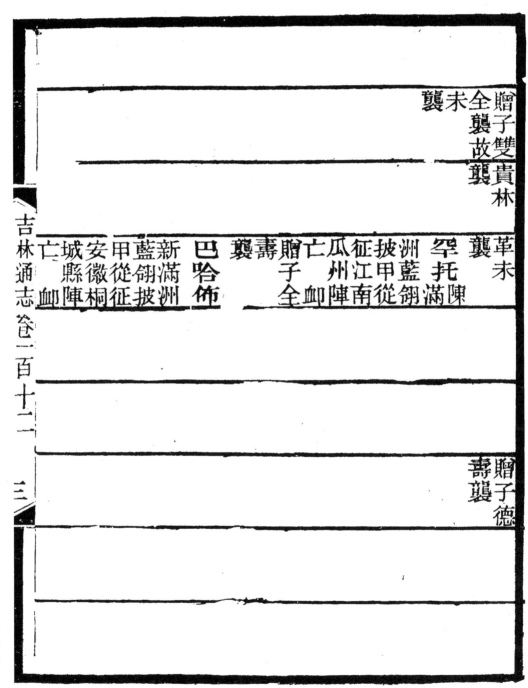

贈子德壽襲

八年

同福 滿洲六品軍功披甲從征江南陣亡卹贈 子祥玉襲

慶陞 新滿洲藍翎披甲從征江南陣亡卹贈 子淩玉襲革末襲

成玉 陳滿洲六品軍功披甲從征江南陣亡卹贈 子德

贈弟恩 祥襲

德祿 陳滿洲領催委官從征江蘇江甯府陣亡卹贈 子永福襲

富成 新滿洲花翎領催委參領從征江南陣亡卹贈 子厄克精阿襲故末襲

額圖渾 新滿洲藍翎領催委驍騎校從征江南陣亡卹贈 子成喜襲

德春 新滿洲藍翎領催委防禦從征江南陣亡卹贈 子

奇克新 新滿洲領催委官從征江蘇六合縣陣亡卹贈 子德祥襲故末襲

訥春 陳滿洲藍翎儘先驍騎校領催從征

烏爾滾 新滿洲藍翎披甲從征江南浦口陣亡卹贈 兄勝祥襲

山襲

春祥　陳滿洲藍翎前鋒從征江南浦口陣亡卹贈子恩榮襲

巴彥圖　新滿洲花翎儘先防禦驍騎校委參領從征江

勝亮襲

德柱　新滿洲藍翎披甲從征江南陣亡卹贈子富春襲故孫承海襲

忠山　陳漢軍六品軍功披甲委防禦從征江南陣亡卹

江南陣亡卹贈子巴圖哩襲守卡遇害遺缺未襲

吉林通志卷一百十二　四

南陣亡
卹贈
子全
順襲
保祥陳
滿
洲藍翎
披甲從
征江南
浦口陣
亡卹
贈弟達
貴
襲
德永新
滿
洲藍翎
披甲從
征江南
浦口陣

贈姪常
來襲

四

九年	
桂林 新滿洲花翎儘先防禦領催委參領	
淩永 新滿洲六品軍功披甲從征江南陣	亡卹贈姪勝林襲　慶祿 滿洲六品軍功披甲從征江南陣亡卹贈子花連佈襲
安甯 陳滿洲藍翎領催委驍騎校從征江	
喜成 新滿洲驍騎校委參領從征江蘇六	
永淩 陳滿洲藍翎領催從征江蘇六合縣	

十年

從征江蘇六合縣陣亡卹贈子松勝襲　德仲新滿洲六品軍功披甲從征江蘇六合縣陣亡卹贈子永福襲　慶福新滿

亡卹贈子全明襲　雙福陳滿

蘇六合縣陣亡卹贈弟安成襲故姪榮昌襲　莫爾格春滿洲藍翎披甲從征江蘇六合縣陣亡卹贈弟莫爾賡阿襲　阿力雅

合縣陣亡卹贈子德淩額襲故孫全印襲　舒敏新滿洲藍翎領催委參領從征江蘇六合縣陣亡卹贈子勝玉襲革未襲　慶春新滿

陣亡卹贈子薩炳阿襲　沙炳阿

常有陳滿

和淩新滿

洲藍翎防禦委參領從征江南陣亡卹贈子勝額圖襲革未襲

達普都哩陳滿洲六品軍功前鋒從征江蘇六合縣陣亡卹贈弟

洲藍翎披甲從征江蘇六合縣陣亡卹贈子額爾德科襲

富勒金新滿洲藍翎披甲從征江南陣亡卹贈子來春襲陳春玉滿

春新滿洲藍翎前鋒從征江蘇六合縣陣亡卹贈子傅貴襲故未襲

富倫保陳滿洲藍翎披甲從征江南陣亡卹贈子闊淩阿襲

洲花翎佐領儘先協領從征江蘇六合縣陣亡卹贈子勝祿襲故孫全淩保襲

永蘇陳滿洲七品軍功前鋒委驍騎校從征江蘇六合縣

陳滿洲六品軍功儘先驍騎校前鋒從征江南陣亡卹贈子淩春襲

常明陳滿洲六品軍功披甲從征江蘇六合縣陣亡卹贈子松雲襲故

洲藍翎披甲從征江蘇六合縣陣亡卹贈子博奇襲

洲藍翎前鋒委驍騎校從征江蘇六合縣陣亡卹贈子全喜襲

和青新滿洲六品軍功前鋒從征江蘇六合縣陣亡卹贈子雙成襲故

德蘇哩襲

富沖阿 陳滿洲六品軍功拔甲從征江南陣亡卹贈弟富忠阿襲

成林 陳滿洲七品藍翎領催從征江蘇丹陽縣陣亡卹

洲藍翎拔甲從征江蘇六合縣陣亡卹贈子雙福襲故孫色恆阿襲

博勒洪武 陳滿洲藍翎拔甲從征江蘇六合縣陣亡卹贈子貴福

陣亡卹贈子音和襲

倭喜佈 新滿洲六品軍功領催從征江蘇六合縣陣亡卹贈子勝貴襲

常亮 新滿洲六品藍翎披

末襲

末襲

胡松額 新滿洲藍翎驍騎校委參領從征江蘇六合縣陣亡卹贈子承慶襲

慶玉 陳滿洲藍翎領催委防禦從征江蘇

贈姪烏淩阿襲

連陞 滿洲五品藍翎拔甲委驍騎校從征山東陣亡卹贈弟連成襲

襲故孫常興襲

東陞 陳滿洲藍翎領催委防禦從征江蘇六合縣陣亡卹贈子薩斌武襲

特克新 新滿洲藍翎領催從征江蘇六

甲從征江蘇六合縣陣亡卹贈孫順祥襲

六合縣陣亡卹贈子連仲襲故末襲

巴哈佈 陳滿洲六品軍功前鋒從征江蘇六合縣陣亡卹贈子俊成襲

貴春 陳滿

合縣陣
亡子常
贈　卹
安襲故
未
襲

德爾精
額
陳滿
洲藍
翎披甲
從征江
南陣亡
卹贈
姪慶
祥襲

色普政
額
新滿
洲藍
翎披甲
從征江
南陣亡
卹贈子
常林襲

翎盧先
驍騎校
領催委
官從征
江南陣
亡　卹
贈子德
林襲

貴凌新
滿
洲藍翎
披甲從
征江蘇
六合縣
陣亡
卹贈子
全勝
襲

喜壽滿
新

洲藍翎前鋒從征江蘇六合縣陣亡卹贈妤和順襲

諾敏新滿洲六品軍功拔甲從征江蘇六合縣陣亡卹贈旌孫海貴襲新金祿滿

十一年

洲六品軍功披甲從征江蘇六合縣陣亡卹贈子貴林襲

扎隆阿　陳滿洲六品軍功披甲從征山東陣亡卹贈子明全襲

色克精

依成額　新滿洲領催委防禦從征河南魯山縣陣亡卹贈子脊貴襲

薩克新　新滿洲披甲委筆帖式驍騎校從征江蘇六合縣陣亡卹贈子諾罕襲

和凌　新滿洲六品軍功領催委驍騎校從征江蘇丹陽縣陣亡卹贈子富凌阿襲

同治元年	
	額　陳滿洲六品軍功領催從征江蘇蘇州府陣亡卹贈子索林襲
順祥　陳滿洲領催委官從征山東陣亡卹贈姪恩印襲故未襲	
全有　滿洲六品軍功領催從征山東魚臺縣陣亡卹贈子海淩襲	
依昌阿　陳滿洲花翎佐領委營總從征河南杞縣陣亡卹贈子托錦	

二年

富尼雅
滿洲
罕儘先
即補協
領佐領

襲故孫
海亮襲
穆克德
新滿
洲領
科委官
催征陣
從亡卹
贈弟
吞佈喀
故姪襲
音保德
襲

委營總防守烏蘇里卡倫被俄戕害照陣亡䘏贈子順林襲

薩斌圖

陳滿洲藍翎驍騎校委參領從征山東兗州府陣亡䘏贈子富昌襲故孫連

三年

陞襲

春福新滿洲藍翎儘先驍騎校從征江南陣亡卹贈弟慶春襲

西林陳滿洲領催委防禦從征陣亡卹贈姪魁淩襲

杜倫新滿洲藍翎儘先驍騎校委防禦從征山東陣亡卹贈子全安襲

永福陳滿洲領催委防禦從征河南新野縣陣亡卹贈子色普興額襲

胡爾棟阿滿洲藍翎驍騎校委參領從征陣亡卹贈弟色普政額襲革未襲

葛福新滿洲六品軍功儘先驍騎校披甲

從征湖北陣亡卹贈子全才襲

四年

常勝 新滿洲花翎佐領委參領從征河南羅山縣陣亡卹贈子雙壽襲

勝福 陳滿洲藍翎佐領委

全福 陳滿洲領催委驍騎校從征山東陣亡卹贈子雙泰襲

貴春 陳滿洲領催委官從

德謙 陳漢軍花翎佐領委參領從征河南羅山縣陣亡卹贈子音德襲

圖瓦謙佈 陳滿洲儘

恭安 新滿洲藍翎前鋒委筆帖式從征江南浦口陣亡卹贈子富英阿襲故未襲

參領委營總從征河南羅山縣陣亡卹贈子恩綸襲

豐紳圖新滿洲藍翎儘先防禦披甲從征湖北陣亡卹贈子成順襲

富陞陳滿

征山東兖州府陣亡卹贈子春海襲

先驍騎校披甲委驍騎校從征河南羅山縣陣亡卹贈子富有襲

德永新滿洲前鋒委前鋒校從征湖北陣亡卹贈子富順襲

六年

陳連貴滿洲藍翎驍騎校從征湖北陣亡卹贈子連貴襲

陳勝安滿洲領催委防禦從征山東高唐州陣亡卹贈從弟勝春襲

三

魁復
陳滿

七年

富英阿 陳滿洲領催委官從征直隸陣亡卹贈弟富昌阿襲

慶順 陳滿洲前鋒委前鋒校從征直隸慶雲縣陣亡卹贈子惠春襲

吉春 陳滿洲領催委官從征直隸陣亡卹贈弟承春襲故未襲

雙壽 新滿

德永 滿洲花翎佐領委營總法什尚阿巴圖魯從征直隸慶雲縣陣亡卹贈子雙根襲

洲藍翎佐領從征直隸陣亡卹贈子闊淩阿襲

	八年	九年
		常林 陳滿洲花翎披甲從
洲六品軍功委官從征直隸慶雲縣陣亡卹贈子松山襲	順福 陳滿洲藍翎披甲從征直隸陣亡卹贈姪青山襲	貴恆 陳滿洲花翎儘先佐

	十年
征甘肅陣亡血贈子海明襲	
領防禦委參領從征陣亡血贈子綽勒翰襲	
	成喜新滿洲藍翎披甲委驍騎校從征烏拉特公中旗阿巴爾干郭勒陣亡血贈姪愛興襲
	全英新滿洲六品藍翎披甲從征甘肅平涼府陣亡血贈姪凌陞襲
	富有新滿洲藍翎披甲從征甘肅平涼府陣亡血贈姪德祥襲

十二年

雙成 新滿洲花翎披甲委防禦從征陣亡贈卹姪榮陞襲

十三年

奎全 新滿洲六品軍功披甲從征伊犂陣亡贈卹子瑞恩襲

順福 新滿洲六品軍功披甲從征伊犂陣亡贈卹弟科松襲末革襲

全成 陳滿洲藍翎儘先驍騎校委防禦從征伊犂奎屯陣亡贈卹姪悅

光緒二年	三年
莫爾格春陳滿洲藍翎披甲在薩濟勒穆賊陣亡卹贈弟貴福襲故未襲	貴成陳滿洲藍翎四品頂戴儘先防禦驍
隆阿襲　祥春陳滿洲藍翎披甲從征伊犂瑪納斯城陣亡卹贈姪勝海襲	喀勒沖武新滿洲花翎儘先防禦驍

八年

騎校委參領從征伊犂瑪納斯城陣亡卹贈子德明阿襲

騎校在阿勒楚喀將軍臺遇賊戰亡卹贈子祥明襲

全順新滿洲六品軍功拔甲在李家屯勦賊陣亡卹贈子祥祿襲故末襲

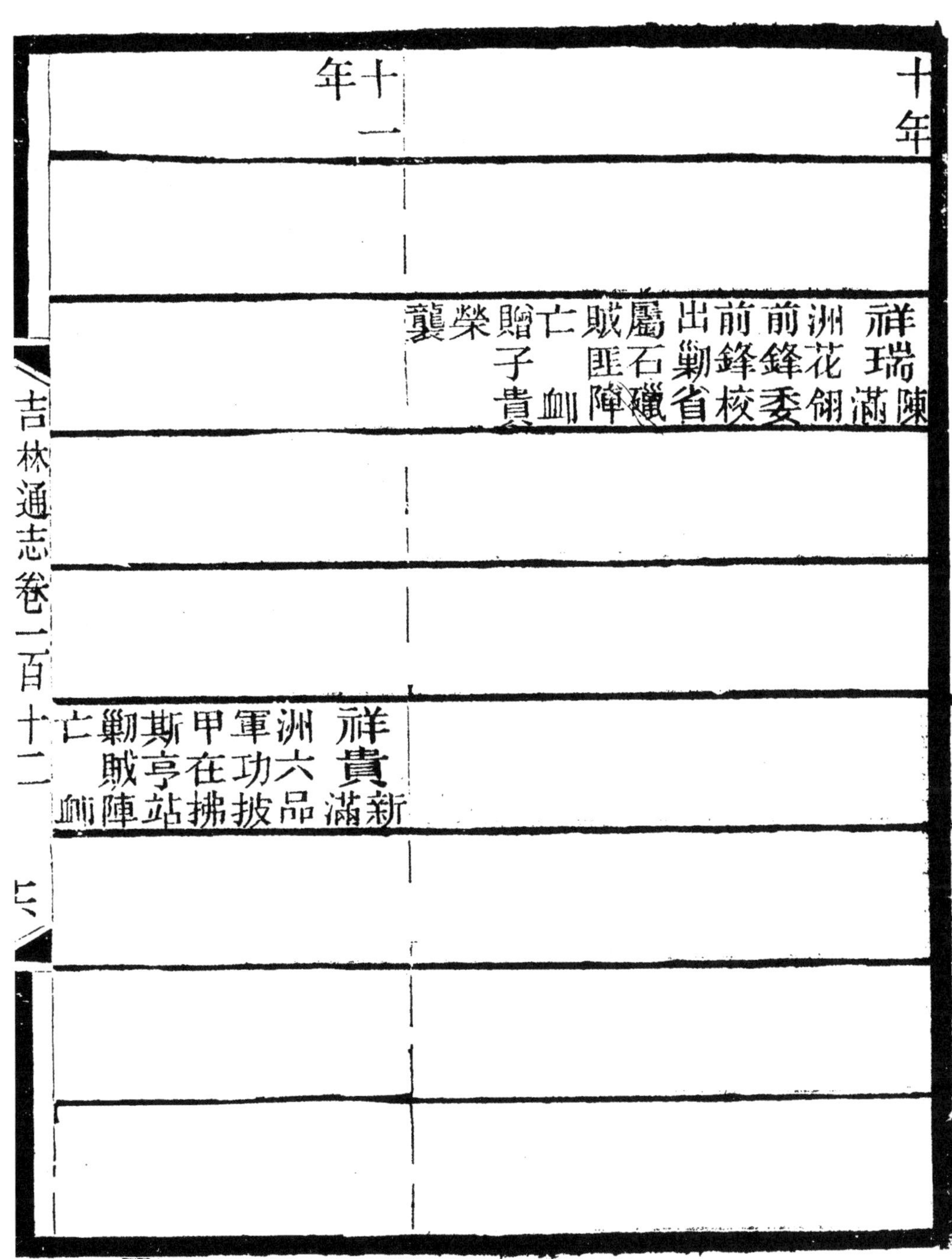

十年

祥瑞　陳滿洲花翎前鋒委前鋒校出師省屬石獵賊匪陣亡賻卹贈子榮貴襲

十一年

祥貴　新滿洲六品功拔軍在拂甲亭站斯賊陣勦亡卹

吉林通志卷一百十二　五

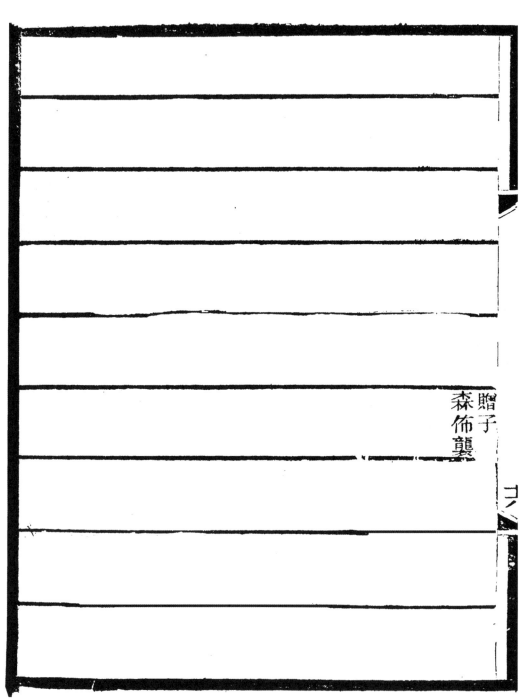

贈子

森佈襲

阿勒楚喀

鑲黃旗
常喜 滿洲 花翎儘先驍騎校披甲從征陝西西安府陣亡卹贈子富全襲革孫富克精阿襲
喜陞 滿洲

正黃旗
保和 滿洲 驍騎校從征河南陣亡卹贈子阿勒精阿襲
金祥 滿洲 花翎領催委防禦從征湖北陣亡卹贈弟金

正白旗
富陞 滿洲 花翎委驍騎校從征陣亡卹贈弟榮喜襲
廣成 滿洲 花翎委驍騎校從征陣亡卹贈弟雙德襲

鑲白旗
全明 滿洲 前鋒委防禦從征直隸陣亡卹贈子倭克錦圖襲
全順 滿洲 藍翎驍騎校從征陣亡卹贈

正紅旗
富明 滿洲 花翎旗条委防禦從征直隸陣亡卹贈子海洪阿襲
巳哈那 滿洲藍翎驍騎校從征山東陣

鑲紅旗
雙成 滿洲 五品藍翎披甲從征江蘇江甯府陣亡卹贈子阿淩阿襲
增祥 滿洲 五品花翎委官從征陣亡卹

正藍旗
烏海 滿洲 領催委驍騎校從征陣亡卹贈子明全襲
富祥 滿洲 披甲委防禦從征陣亡卹贈子托克通武襲

鑲藍旗
喜成 滿洲 六品藍翎披甲從征陣亡卹贈弟喜順襲
德祥 滿洲 七品頂戴從征陣亡卹贈弟尼克通阿襲

披甲委驍騎校從征陣亡　卹贈子成羣襲革未襲

玉山　滿洲花翎儘先防禦從征烏里雅蘇台庫爾哈拉烏蘇陣亡　卹贈姪富祿襲故孫

陞襲

關海　滿洲披甲委驍騎校從征陣亡　卹贈子春桂襲

凌智　滿洲藍翎披甲委驍騎校從征安徽陣亡　卹贈姪慶海襲

多隆武　滿洲藍翎披甲從征山東陣亡　卹贈子成順襲

全喜　滿洲七品頂戴委官從征河南永成縣陣亡　卹贈子存有襲

子安魁襲故孫賽尚阿襲

慶春　滿洲領催委防禦從征陣亡　卹贈子哈達洪阿襲

托蒙武　滿洲六品頂戴委筆帖式從征陣亡　卹贈子

亡　卹贈子勝祿襲

吉爾忠阿　滿洲披甲委筆帖式從征江南陣亡　卹贈子芬成額襲

富興　滿洲領催委防禦從征山東陣亡

贈姪俊喜襲

托明　滿洲五品頂戴披甲委驍騎校從征陣亡　卹贈子隆福襲故次子隆楨襲

雙德　滿洲六品頂戴披甲從征陣亡　卹

烏德　滿洲花翎儘先驍騎校從征河南陣亡　卹贈子色勒綳阿襲

圖山　滿洲披甲委驍騎校從征陣亡　卹贈姪富順襲

奇恩　滿洲

富尼雅幹　滿洲藍翎披甲從征安徽太和縣陣亡　卹贈姪石海襲

太平　滿洲藍翎披甲委驍騎校從征河南陣亡　卹贈子和升額襲

常江襲桂慶滿洲領催委驍騎校從征直隸天津陣亡卹贈姪全亮襲丁林滿洲披甲委筆帖式從征江蘇六合縣陣亡卹贈

富成滿洲藍翎披甲委驍騎校從征陣亡卹贈子德勝襲吉爾通阿滿洲五品頂戴前鋒委驍騎校從征陣亡卹贈姪恩常

青山滿洲藍翎即補驍騎校從征江蘇六合縣陣亡卹贈子烏爾滾襲春喜滿洲領催委扎蘭驍騎校從征陣亡卹贈弟春亮襲故弟春耀襲

松林襲明陞滿洲委官從征陣亡卹贈孫來祥襲永謙滿洲花翎防禦委參領從征陣亡卹贈孫花尙阿襲

卹贈子德克德恩佈襲雙和滿洲披甲委驍騎校從征山東陣亡卹贈子色克佈襲常青滿洲領催委官在色勒佛特庫站鄉

贈姪和山襲哈豐阿滿洲六品頂戴披甲從征陣亡卹贈曾孫榮恩襲倭西洪阿滿洲六品頂戴披甲從征江蘇揚州府陣

驍騎校從征陣亡卹贈子壽祿襲故孫景林襲萬祿滿洲披甲委官從征陣亡卹贈孫英魁襲富永滿洲披甲委官從征

喜俊滿洲藍翎披甲從征江南陣亡卹贈子永成襲榮貴滿洲藍翎領催從征河南陣亡卹贈子永謙襲故孫祥來襲雙福滿洲

子勝有襲

富成 滿洲六品頂戴披甲從征直隸靜海縣陣亡贈卹子桂凌襲

成俊 滿洲七品軍功披甲從征陣亡贈卹子全輝襲

襲

成林 滿洲藍翎儘先驍騎校從征陣亡贈卹子托克通阿襲

淩安 滿洲藍翎領催委參領從征山東陣亡贈卹子金

明春 滿洲委官從征陣亡贈卹子永喜襲

豐陞額 滿洲藍翎領催委防禦從征陣亡贈卹子萬倉襲

依淩阿

賊陣亡贈卹子文魁襲

富有 滿洲委官從征直隸靜海縣陣亡贈卹姪德永襲

富爾松阿 滿洲六品頂戴披甲從征陣亡贈卹姪

亡贈卹孫阿佈察襲

富勒渾 滿洲前鋒委防禦從征山東陣亡贈卹弟富祥襲

常壽 滿洲領催委官從征陣亡贈卹弟

江蘇六合縣陣亡贈卹子成海襲

和順 滿洲六品頂戴披甲從征江蘇六合縣陣亡贈卹姪魁壽襲

萬增 滿洲六品藍翎披甲

藍翎披甲從征河南陣亡贈卹弟成福襲

富色恩佈 滿洲領催委筆帖式從征山東陣亡贈卹子春山襲

勝春 滿洲六品頂戴披甲

玉成滿洲六品軍功披甲從征陣亡卹贈孫松福襲

銀忠滿洲七品頂戴披甲委官從征陣亡卹贈子慶恩襲

來福滿洲

忠 襲

愛隆額滿洲驍騎校委參領從征傷亡卹贈子常瑞襲

凌保滿洲佐領從征江南陣亡卹贈子興海襲從征陣

滿洲六品軍功披甲從征陣亡卹贈子德魁襲

雙喜滿洲佐領委營總從征山東陣亡卹贈子勝春襲

雙有滿洲花翎協領銜卽

海洪阿襲

富陞滿洲披甲委防禦從征陣亡卹贈子阿察綳阿襲故孫榮祥襲

富興滿洲藍翎披甲委驍騎校從征陣亡卹贈姪德楞

常陞襲

全林滿洲披甲委官從征陣亡卹贈子春祥襲

從征陣亡卹贈子保林襲

從征直隸靜海縣陣亡卹贈孫巴彥佈襲

金珠勒滿洲六品頂戴披甲從征陣亡卹贈孫慶雲襲

佟安滿洲六品頂戴從征

領催委防禦從征湖北黃梅縣陣亡卹贈子常壽襲

烏順滿洲委官從征陣亡卹贈子善林襲

德亮滿洲披甲委官從征

亡遺缺孫烏隆阿襲

補佐領披甲委官從征陣亡卹贈姪桂喜襲

額襲

全祿滿洲六品頂戴披甲從征陝西定邊縣陣亡卹贈子榮桂襲

恩林滿洲防禦委參領從征河南陣亡卹贈子榮山襲

陣亡卹贈子常有襲

陣亡
卹贈子
穆精
阿蘭
富陞滿
洲
委筆帖
式從征
陣亡
卹贈從
弟桂俊
襲故未
襲

全嘉滿
洲
七品頂
戴披甲
委官從
征江蘇

吉林通志卷一百十二

六合縣
陣亡贈
卹姪
恩榮襲
印全滿
防禦洲
營總委
征江從
陣亡南
卹贈
年常子
襲革阿
烏德孫
襲
金明滿
洲
六品軍
功前鋅
從征陣
亡卹

贈孫全文襲、英春滿洲驍騎校委參領從征河南陣亡卹贈子富常阿襲

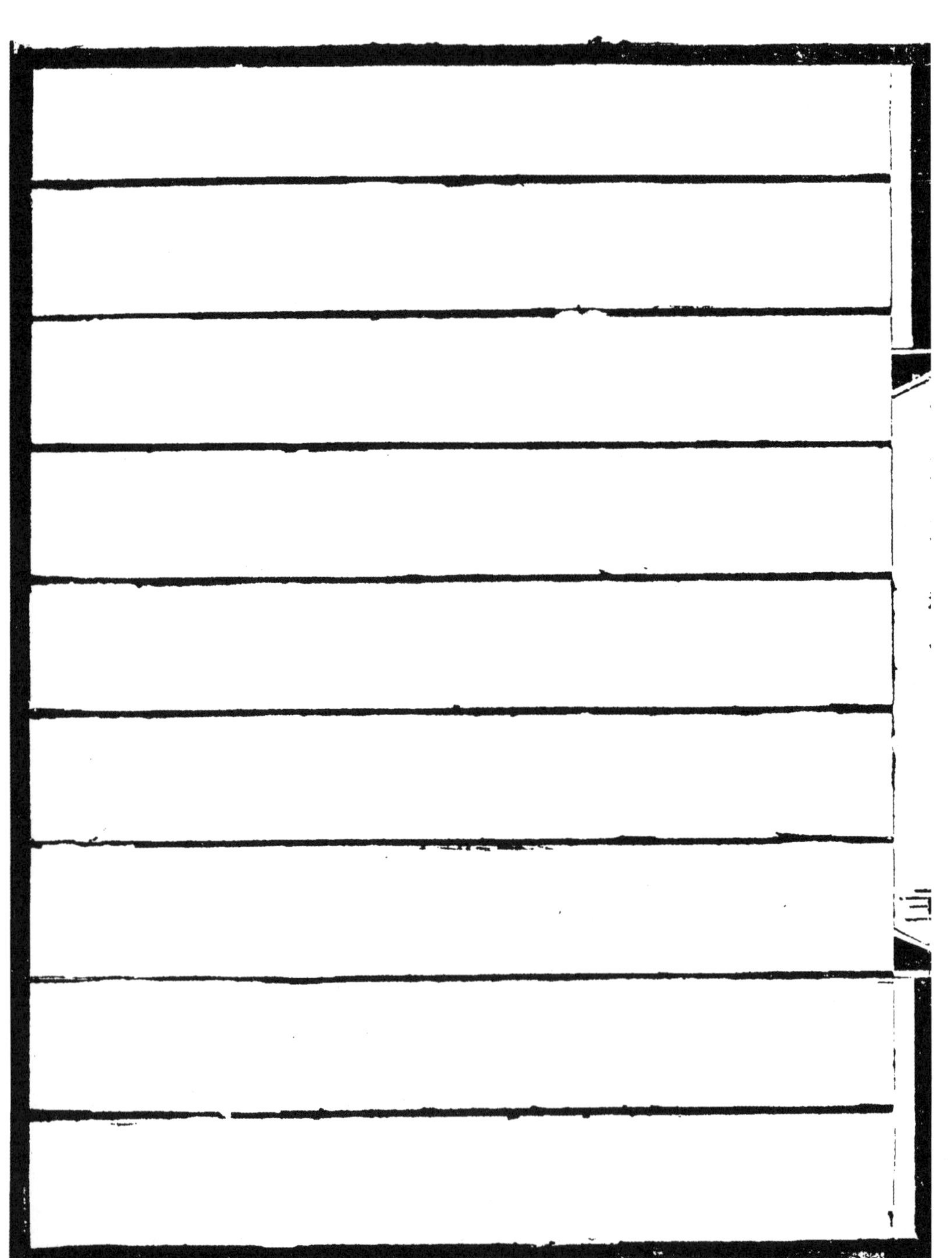

咸豐年

雙城堡

鑲黃旗

正黃旗
舒昌阿 滿洲披甲委驍騎校從征山東曹州府陣亡卹贈子志陞襲

正白旗
勝壽 滿洲披甲委官從征直隸陣亡卹贈子連貴襲

鑲白旗
色克精額 滿洲六品軍功披甲從征河南羅山縣陣亡卹贈子德坤襲

正紅旗
阿爾京阿 滿洲七品軍功披甲從征山東曹州府陣亡卹贈子博祿襲故未襲
德慶 滿洲六品軍功披甲

鑲紅旗
勝鈞 滿洲花翎即補防禦披甲從征陝西定邊縣陣亡卹贈子貴恩襲

正藍旗

鑲藍旗
成祥 滿洲披甲委官從征直城縣陣亡卹贈子紳德襲

從征江南陣亡恤贈子承恩襲

七年

奎亮 滿洲 六品藍翎領催從委官從征河南羅山縣陣亡恤贈子恩錫襲

豐林 滿洲 郎補防禦領催委官從征河南陣亡恤贈子廷和襲

安福 滿洲 六品軍功披甲從征江南傷亡恤贈子德克金保襲

九年

成吉 滿洲 驍騎校委參領

十年

玉春滿洲六品軍功披甲從征江蘇六合縣陣亡卹贈子富祥襲

色勒貴滿洲領催委官

從征河南陣亡卹贈子□□襲革孫廣恩襲

富昌滿洲披甲驍騎校從征江蘇六合縣陣亡卹贈子特克什佈襲故未襲

安伸滿洲

富勒渾滿洲六品藍翎披甲從征江蘇六合縣陣亡卹贈子惠祥襲

阿爾青

阿滿洲六品

從征江蘇六合縣陣亡卹贈子榮貴襲

瑞福滿洲六品軍功披甲從征江蘇六合縣陣亡卹贈從孫恩興襲

玉慶滿洲六品軍功披甲

六品藍翎披甲從征江蘇六合縣陣亡卹贈姪海壁襲

連壽滿洲六品軍功披甲從征江蘇六合縣陣亡卹贈子恩祿襲

藍翎披甲從征江蘇六合縣陣亡卹贈子錫德襲

十一年

從征山東追賊溺於水卹贈子春喜襲

合色貢 滿洲七品軍功從征江蘇六合縣陣亡卹贈子富珠哩襲革木襲

阿爾雅

連喜 滿洲

富亮 滿洲

德勝 滿洲

勝林 滿洲

滿洲六品軍功披甲從征山東曹州府陣亡卹贈子永泰襲

七品頂戴披甲從征山東曹州府陣亡卹贈子保山襲

富成滿洲七品頂戴領催委防禦從征河南羅山縣陣亡卹贈子陞斌圖襲

六品藍翎披甲從征河南陣亡卹贈姪德興阿襲

六品軍功披甲從征山東曹州府陣亡卹贈子迎祥襲

依精阿滿洲六品軍功披甲從征山東臨朐縣陣亡卹贈弟塔精阿襲

披甲委筆帖式委驍騎校從征山東曹州府陣亡卹贈姪景連襲

同治元年

口口口　滿洲領催委防禦從征山東滕縣陣亡卹贈子英俊襲

振明　滿洲披甲委官從征山東陣亡卹贈子富成襲故末襲

成山　滿洲前鋒委官從征山東魚臺縣陣亡卹贈子永謙襲

峯福　滿洲領催委防禦從征山東陣亡卹贈孫永勝襲

佛尼音

法奎　滿洲六品藍翎披甲從征山東臨朐縣陣亡卹贈子達陞襲

富慶　滿洲披甲委驍騎校從征山東魚臺縣陣亡卹贈子義廣襲

	二年
	扎爾杭阿滿洲藍翎儘先驍騎校從征河南羅山縣陣亡恤贈姪
	佛祿滿洲披甲委防禦從征山東陣亡恤贈子富凌阿襲
滿洲藍翎佐領委參領從征河南羅山縣陣亡恤贈子恩陞襲	

三年

西林佈襲

富克錦滿洲六品軍功拔甲從征山東臨清州陣亡卹贈弟倭克錦襲故未襲

四年

全勝滿洲六品藍翎披甲從征河南鄧州

霍隆阿滿洲七品頂戴領催委筆帖式

慶和滿洲驍騎校委防禦從征河南羅山

慶祥滿洲六品藍翎前鋒從征河南羅山

永凱滿洲委官委防禦從征山東滕縣陣

五年

明喜滿洲披甲委筆帖式正月賊陷阿勒

陣亡卹贈子青山襲

興海滿洲世襲雲騎尉正月賊陷阿勒楚

在業河驛猴石山剿賊陣亡卹贈子經文佈襲

金祥滿洲領催委驍騎校正月賊陷阿勒

縣陣亡卹贈子常德襲

縣陣亡卹贈子德福襲

豐慶滿洲六品藍翎披甲從征河南羅山縣陣亡卹贈子多托凌阿襲

勝林滿洲五品藍翎驍騎校委防禦

富德滿洲披甲委官正月賊陷阿勒楚喀

亡卹贈子恩祥襲

常[illegible]滿洲披甲委驍騎校從征河南新野

楚喀城陣亡䘏贈子額淩額襲

喀城陣亡䘏贈子七十九襲

楚喀城陣亡䘏贈子成喜襲

從征河南陣亡䘏贈子英福襲正月賊陷阿勒楚喀城陣亡道缺孫薩音佈襲

薩爾强阿滿洲披甲委筆帖式正月賊陷阿勒楚喀

城陣亡䘏贈姪海山襲

淩安滿洲無品級筆帖式正月賊陷阿勒楚喀城陣亡䘏贈子巴倫佈襲

富勒洪阿滿洲披甲

縣陣亡䘏贈子依興阿襲

六作

城陣亡　卹贈子額勒德恩佈襲

委官正月賊陷阿勒楚喀城陣亡　卹贈子吉祥襲故孫慶安襲

奇珍滿洲藍翎披甲即補驍騎校從征直隸陣亡　卹贈弟慶賀襲

七年	九年
	海亮滿洲五品軍功領催委防禦在固拉扎七里滿勦賊陣亡卹贈子
額爾德滿洲六品軍功披甲從征直隸慶雲縣陣亡卹贈子全喜襲	
烏雲佈滿洲藍翎披甲從征陣亡卹贈子永才襲	

德成
襲

琿春

	咸豐四年
鑲黃旗	德興 滿洲六品軍功披甲從征江南瓜州陣亡卹贈子恩祥襲
正黃旗	六十九 滿洲六品頂戴披甲從征江南陣亡卹贈子淩春襲 沙精阿 滿洲六品頂戴披甲從征安徽
正白旗	
鑲白旗	
正紅旗	
鑲紅旗	
正藍旗	
鑲藍旗	

盧州府陣亡卹贈子春玉襲

六年

富惠 滿洲六品軍功拔甲從征江蘇丹陽縣陣亡卹贈子吉隆阿襲

富英阿 滿洲六品藍翎拔甲委驍騎校從征江南陣亡卹贈孫德安襲

七年

巴英阿 滿洲即用驍騎

扎青阿 滿洲六品藍翎

校披甲從征江蘇句容縣陣亡卹贈子成貴襲

披甲從征陝西定邊縣陣亡卹贈子貴陞襲

八年

年昌阿　滿洲領催委防禦從征江南陣亡卹贈子舒林襲　圖精阿

多隆武　滿洲六品軍功披甲從征江南陣亡卹贈子依薩繃額襲　穆克登

滿洲披甲委官從征江南浦口陣亡卹贈孫雙祥襲

五十九

滿洲六品頂戴披甲從征江南浦口陣亡卹贈子恩福襲

德成 滿洲

滿洲額領催委防禦從征江南陣亡卹贈子喜昌襲

六品軍功披甲從征江蘇六合縣陣亡卹贈子托倫襲

九年

依鏗額　滿洲六品軍功披甲從征江蘇六合縣陣亡卹贈子富陞襲英陞滿洲

平泰　滿洲六品軍功披甲從征江蘇六合縣陣亡卹贈子玉石襲

嘎淩阿　滿洲六品軍功披甲從征江南陣亡卹贈子常喜襲

六品藍翎披甲從征江蘇六合縣陣亡卹贈子恆泰襲

忠林 滿洲 七品頂戴披甲從征江蘇六合縣陣亡卹贈子慶永襲

依勒圖

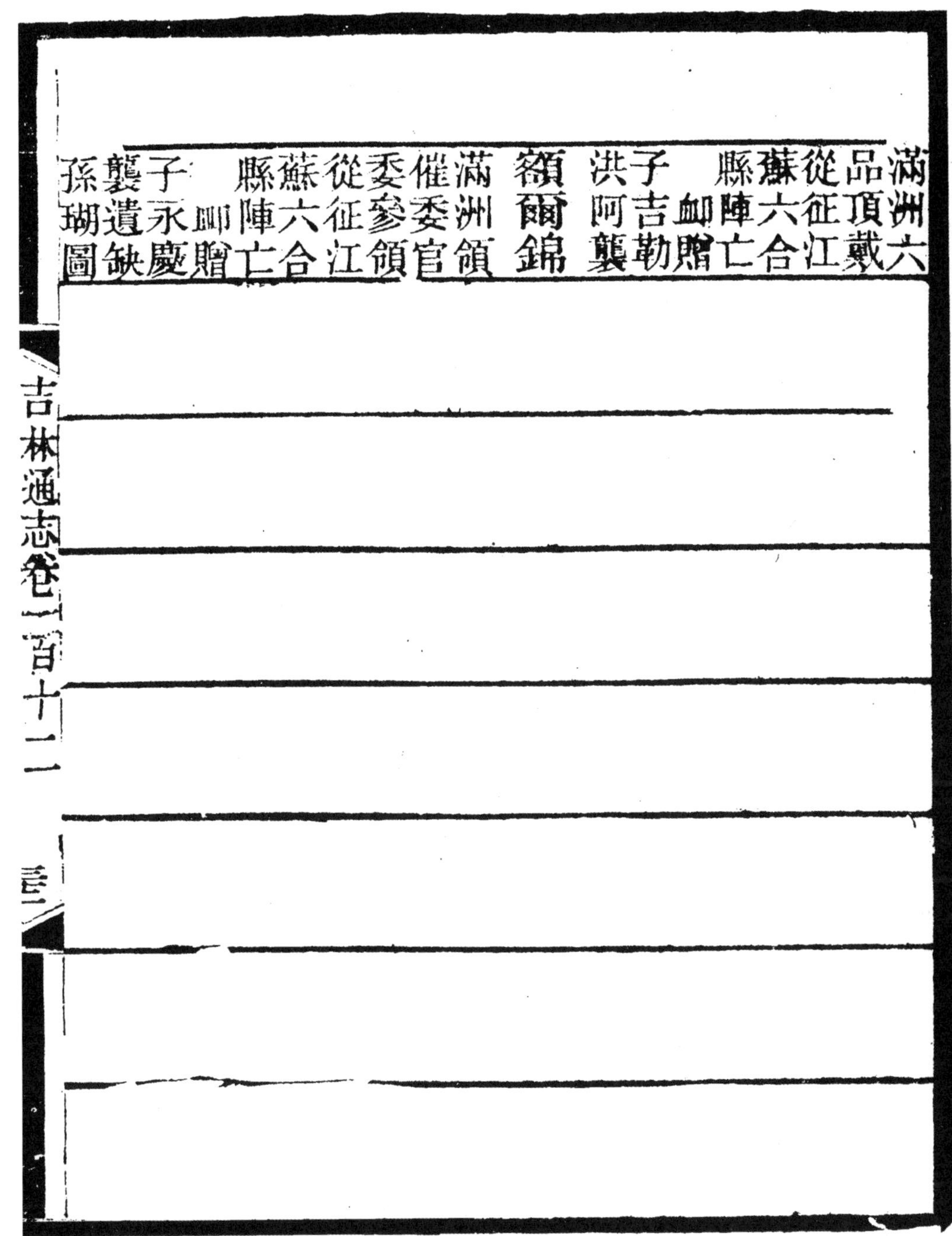

滿洲六品頂戴從征江蘇六合縣陣亡賜卹子吉勒洪阿襲

額爾錦

滿洲領催委官領委參從征江蘇六合縣陣亡贈卹子永慶襲遺缺孫瑚圖

十年	同治六年
哩襲 依爾格佈滿洲花翎佐領委營總從征河南夏邑縣陣亡血贈子訥奇新襲	保成滿洲六品頂戴拔甲三月在琿春庫

	八年	十一年
永沙勳賊陣亡卹贈弟保林襲	明春滿洲領催委筆帖式九月在駱駝礟子勦賊匪陣亡卹贈子音德貢襲	
		富壽滿洲

光緒三年

色勒欽佈滿洲六品頂戴領催委官四月在琿春城東門外剿賊陣亡卹贈子吉

六品軍功披甲從征江南陣亡卹贈弟保玉襲

玉山滿洲七品頂戴披甲在琿春城東荒溝口剿賊陣亡卹贈子德淩襲

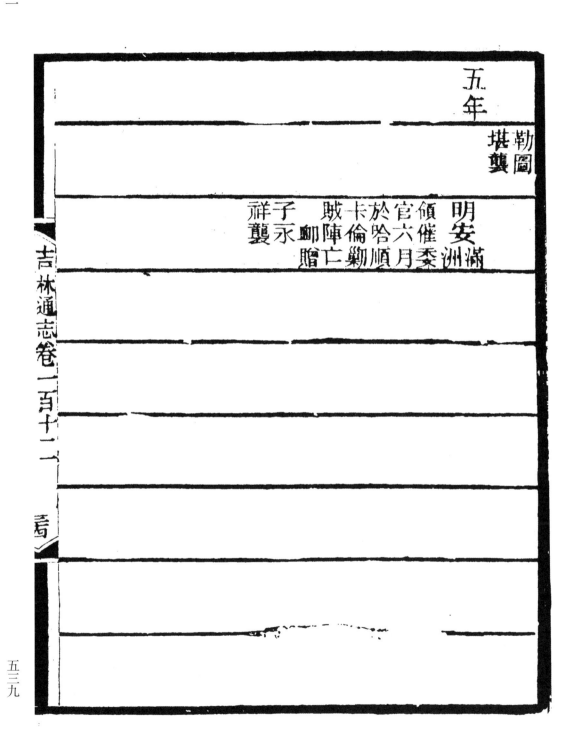

五年	
勒圖	堪襲
明安	滿洲領催委官六月於哈順卡倫勦賊陣亡卹贈子永祥襲

吉林通志卷一百十二　䒭

咸豐年

蔭生

鑲黃旗

正黃旗

全福伊通滿洲頭品頂戴福州副都統清額圖巴圖魯因病開缺故於籍照陣亡例卹贈騎都尉兼一雲騎尉予其

正白旗

鑲白旗

景林吉林滿洲二品頂戴記名副都統三姓左翼協領從征安徽傷亡卹贈六品蔭監子常有襲

正紅旗

鑲紅旗

正藍旗

鑲藍旗

依興阿吉林滿洲花翎前鋒七年從征江南歿於軍卹贈八品蔭監子魁林襲

三年

子閼臣六品廕監年分未詳

喜全
伯都訥滿洲儘先防禦委驍騎校從征歿於軍　卹贈八品廕監姪色克吉蘿

七年

德昌
吉林陳滿洲協領委

依興阿
吉林滿洲花翎

十二年

同治三年

富陞 吉林陳滿洲披甲從征陣亡照三等軍功卹贈八品廕監

托林 吉林

營總從征江蘇鎮江府歿於軍卹贈八品廕監孫海量襲

前鋒從征江南歿於軍卹贈八品廕監子魁林襲

九年

滿洲花翎儘先防禦從征陝西鄠縣歿於軍䘏贈八品廕監子貴襲

九成伯滿洲都統花翎佐領儘先佐領補防禦驍騎校委參領從征烏壆

十年

俊福　甯古塔滿洲領催委防禦從征歿於軍卹贈八品廕監子色勒楚科襲

春陞　甯古塔滿洲七品頂戴披甲從征歿於軍卹贈八品廕監子扎克桑阿襲

德克吉

春山　阿勒楚喀滿洲藍翎披甲從征歿於軍卹贈八品廕監子薩炳武襲

榮祿　烏拉滿洲六品軍功披甲從征江蘇六合縣陣亡卹贈八品廕監子富淩額襲

雙喜　烏拉滿洲六品軍功披甲從征江蘇六合縣陣亡卹贈八品廕監子烏楞阿襲

富慶　阿勒

雅蘇臺歿於軍卹贈八品廕監

榮昌　阿勒楚喀滿洲藍翎領催委驍騎校從征歿於軍卹贈八品廕監子永壽襲

永全　阿勒

科甯古塔滿洲藍翎領催從征歿於軍卹贈八品廕監姪祥承襲

楚喀滿洲花翎拔甲從征歿於軍卹贈八品廕監姪璧山襲

凌德

阿勒楚喀滿洲藍翎拔甲從征歿於軍卹贈八品廕監子德隆襲

楚喀滿洲藍翎前鋒委防禦從征歿於軍卹贈八品廕監子德慶襲

隆全

阿勒楚喀滿洲藍翎領催委驍騎校從征歿於軍卹贈八品廕監

子尼克
龍阿襲

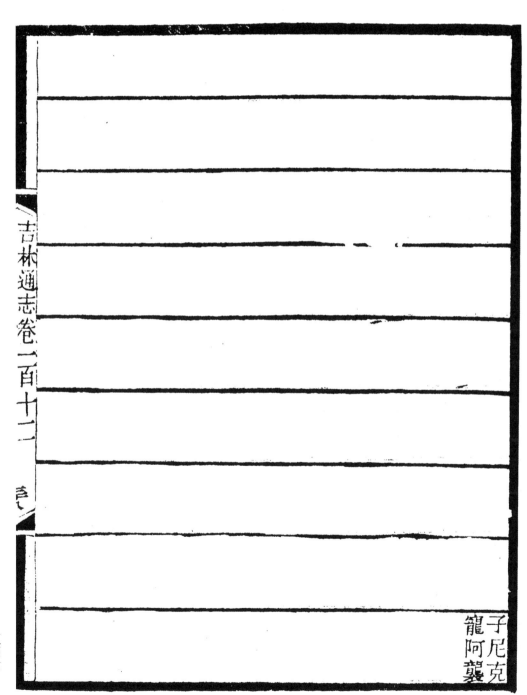